Mémoire d'un jeune Picard
au temps des trente glorieuses

Jean Libert

Mémoire d'un jeune Picard au temps des trente glorieuses

Chronique des temps passés et à venir

© L'Harmattan, 2016
5-7, rue de l'Ecole-Polytechnique, 75005 Paris

http://www.harmattan.fr
diffusion.harmattan@wanadoo.fr

ISBN : 978-2-343-10599-4
EAN : 9782343105994

Enseignant, je décide de renouer avec mon regard d'enfant durant les trente glorieuses sur les Terres du Nord. Les mots d'hier parlent aux maux d'aujourd'hui…

C'est l'expérience de la maladie qui me fait découvrir le pouvoir de l'écriture… Je conduis alors un travail de mémoire, pour rendre hommage à mes parents et à leurs amis, à ma famille, aux adultes que j'ai croisés, enfant. Je voulais léguer cette mémoire à mes enfants, comme un cadeau qu'on fait pour dire simplement « merci ». Interroger le passé, c'est trouver des pistes pour l'avenir. On ne mesure pas assez, combien nos rencontres et nos expériences nous façonnent. Je rends grâce à tout ce que l'existence m'a offert, de bon comme de difficile… Cette mémoire est sûrement nostalgique, mais elle se veut heureuse et pleine d'espoir en l'Humanité. Elle est la vie à inventer pour demain !

Si j'écris, c'est parce que j'ai eu la chance de lire. Delerm, Quint, Cueco, Sampiero, Gavalda, Ernaux, je vous dois beaucoup… Sagan, Colette, Pagnol, Prévert, Camus, Zola, Apollinaire, vous avez accompagné ma vie… J'écris aussi parce que j'ai vu des films. Sautet, Tavernier, Demy, Gavras, Ford, Capra, Carné, Renoir, Duvivier… Vos mots et vos images sont « encrés » en moi. Et puis Matisse, Bonnard, Manet ou Modigliani m'éclairent de leurs lumières… Aussi, mes mots voudraient chanter, comme Aznavour, Montand, Ferrat ou Barbara, Renaud ou Bénabar…

Enfin, j'ai quelques remerciements à faire… Ma compagne attentive, Françoise, qui est ma première auditrice, car j'aime à dire mes textes plus qu'à les lire. Mon Papa et Lionel qui vérifient sans cesse que ma mémoire ne me trompe pas…

Mes enfants et amis qui m'ont encouragé. Mes soignants, parmi mes premiers lecteurs… Vincent qui m'a écrit un jour « C'est beau, Jean ! » Michèle qui a imprimé mes premiers textes pour les mettre dans un classeur et pouvoir les relire. Évelyne, ma fan de la première heure, qui m'a envoyé à la rencontre de mes lecteurs alors que je lui disais que je serais bien tenté par le partage de mes mots. Tous ceux, inconnus et humbles, jeunes ou vieux, Kabyles, Berbères, Sahéliens, Lusitaniens, Espagnols, Italiens, Polonais, Belges, Canadiens… Bretons, Alsaciens ou Occitans qui se sont reconnus dans la « mémoire d'un jeune Picard au temps des trente glorieuses »…

Jean Libert, juin 2016

Pour Marie, Anouk, Pierre et Lauréna

« Oh ! Je voudrais tant que tu te souviennes
Des jours heureux où nous étions amis.
En ce temps-là, la vie était plus belle,
Et le soleil plus brûlant qu'aujourd'hui.
Les feuilles mortes se ramassent à la pelle.
Tu vois, je n'ai pas oublié...
Les feuilles mortes se ramassent à la pelle,
Les souvenirs et les regrets aussi
Et le vent du nord les emporte
Dans la nuit froide de l'oubli. »

Jacques Prévert
dans *Les portes de la nuit*, de Marcel Carné

AUTOMNE

1. Je me souviens de la rentrée des classes, un rendez-vous avec la vie…

Dans quelques jours, nous entrons dans l'été. Les martinets sont là, qui m'enchantent. Hier, je suis allé cueillir les fraises au potager. Demain, je ramasserai les premières groseilles pour un clafoutis. Le jardin brille de mille roses ce matin. Nous sommes allés marcher le long de la plage sous le soleil.

Et je termine mon ouvrage. Ouvrage, un de ces mots magnifiques que nous offre la langue française… Ma grand-mère était à son ouvrage le soir, à tricoter, un pull-over pour l'hiver. Ouvrage d'art de l'architecte qui, par un pont, nous permet de passer la rivière. Ouvrage de mon grand-oncle, travailleur soufflant le verre. Ouvrages, comme ces manuels que je distribuais à mes élèves à chaque rentrée des classes. Ouvrage, comme la promesse du partage d'un auteur avec son lectorat… L'ouvrage est un don de soi.

Alors je me souviens de ce dernier automne. Allongé par la maladie, je me suis mis à écrire pour mes enfants. Comme une urgence de témoigner de tout ce qui me fut donné en partage par la vie. Et puis, il y eut ces échanges sur la toile, de plus en plus nombreux, ce groupe qui se constitua au jour le jour pour se reconnaître dans cette mémoire personnelle et collective… La découverte, la semaine passée, qu'on fit de cette mémoire un examen en Sorbonne pour des étudiants d'histoire. Hommage à la mémoire des simples que furent mes parents, mes grands-parents, ma famille et mes amis…

Aujourd'hui, je réapprends à marcher, doucement, quand ça veut bien… Marie, mon aînée, a déménagé à Creil et elle est enfin titulaire de son poste à l'université, chargée d'aider les chercheurs dans la gestion de leur quotidien, après des années de condition de stagiaire. Anouk, la cadette, a fait passer les examens des BTS Hôtellerie et elle éponge sa maison, prise dans les inondations, de ce printemps 2016. Pierre a obtenu brillamment son diplôme après sept années d'études et il a décroché un contrat qui l'enchante. Lauréna est en stage aux « Vieilles Charrues » dans le cadre de son parcours d'étudiante. Ils doivent se battre comme jamais pour se faire une place dans la société ! Et dire que j'ai commencé à travailler à 18 ans… Mes parents à 16… Marqueurs du temps d'aujourd'hui comme les marqueurs de mon enfance que je vais vous partager…

Alors je me souviens de la rentrée des classes, un rendez-vous avec la vie.

À l'époque, les grandes vacances étaient plus longues et on reprenait à la mi-septembre. L'automne se faisait sentir. On ramassait les derniers fruits, Maman préparait des bocaux pour l'hiver dans la lessiveuse.

Pas de grands magasins. Alors les blouses, c'est fin août qu'on les trouvait sur les étalages, au magasin de confection ou sur le marché. On allait en classe en blouse. Ces tabliers n'étaient pas des uniformes, mais ils servaient à nous protéger de nos travaux. Ensuite, on se rendait chez le papetier. Il est aussi libraire. Là, on fait les grandes courses ! J'ai six ans et je vais rentrer à « la grande école » à Saint-Quentin dans l'Aisne. Apprendre à lire !

Maman achète le papier kraft qui servira à couvrir le livre, elle n'oublie pas le ruban de Scotch. Un jeu d'étiquettes, des protège-cahiers et des cahiers avec de grosses lignes… Apprendre à écrire ! Et puis il y a cette trousse splendide avec de drôles de choses qui ne me serviront pas beaucoup en CP. Un compas, une équerre. Mais il y a aussi la gomme, les couleurs, le crayon de bois et son taille-crayon, le porte-plume. On m'avait confié les outils... Enfin, on m'offre chez le maroquinier un cartable qui est prévu pour durer... Là, c'est la bascule vers l'inconnu... On sent qu'on veut le plus beau pour nous. Que rien ne doit arrêter notre apprentissage !

Maman a eu son certificat d'études primaires. Elle a travaillé à la Cotonnière puis elle a pris des cours chez Pigier avant d'être embauchée à la SNCF. C'est une travailleuse modèle, impliquée et serviable ! Papa, lui, a eu son brevet. Il dut quitter l'école pour aller se faire engager à la sécu. Il débute balayeur, puis est employé à traiter des feuilles de maladie... J'apprendrais plus tard que son dernier livret scolaire tourne à 19 de moyenne et que le directeur de l'école lui a offert son dictionnaire personnel, malheureux de n'avoir pas pu lui permettre de poursuivre sa scolarité au-delà de 16 ans. C'est un peu comme si j'étais le fils de Jean Valjean... Alors les deux, on comprend vite qu'ils feront tout pour vous offrir la possibilité de grimper dans l'échelle sociale... Comme une revanche à prendre sur leur enfance, à crever de faim... Une pression imperceptible pour le gosse que je suis... Je vais ramener des bons points et des images...

Comme enseignant, je suis témoin que rien n'a changé de ce côté-là. Ma reconnaissance éternelle au ministre qui inventa l'allocation de rentrée scolaire. Pauvre imbécile, celui qui pense que cet argent n'est pas dépensé en totalité et même au-delà, par les parents pour leurs enfants, habillés de neuf pour l'année ! Les parents aiment leurs enfants et veulent toujours le plus beau pour eux !

La veille de la rentrée, si on doit se coucher de bonne heure, c'est bien au-delà de l'heure habituelle qu'on trouve le sommeil. On sait que Maman va vous accompagner jusqu'à la grille de l'école. Mais après, c'est le plongeon dans le monde inconnu. Une nouvelle maîtresse qui marque la classe de son autorité. Des copains à se faire... Mes parents, comme la plupart des travailleurs de l'époque, progressent dans leur emploi, alors, on déménage souvent… Durant ma scolarité primaire, je vais changer quatre fois d'école, quatre fois, à découvrir un nouveau maître ou une nouvelle maîtresse, à se faire des copains et à connaître la trouille de l'inconnu… Comme tous les gosses, j'apprenais simplement la vie, comme l'oiseau qui pousse son jeune de la branche pour lui apprendre à voler. Je me souviens de la rentrée des classes, d'un rendez-vous avec la vie. De retour au nid, on couvre le livre, je copie mon prénom et mon nom sur l'étiquette avec ma plume. Maman part acheter le carnet répertoire demandé par la maîtresse et on se met à étudier la première leçon de lecture…

2. Je me souviens… Des bâtiments roses, quartier des Martinets, drôle de nom pour une ville rouge !

Nous sommes arrivés à Montataire, dans l'Oise, rue Anatole France dans un vieil immeuble, en 1970. Cette année-là, l'office des HLM construisait de partout sur les terres agricoles. Il fallait bien loger les travailleurs d'Usinor, d'Astral et de Chausson-Brissoneau, de toutes ces usines qui cherchaient de la main-d'œuvre en France et bien ailleurs, avec toute leur famille… Et puis il y avait aussi les maçons portugais qui demandaient à dormir dans autre chose qu'un préfabriqué… Qui se souvient qu'il y avait une ferme dans le quartier des Martinets[1] ?

Alors, on a vite quitté l'ancien pour le neuf, rue Paul Vaillant-Couturier. Je me souviens du regard de ma mère à l'occasion de la visite du tout nouvel appartement. Ces immeubles qu'on a relégués un moment à la lie de la société étaient pour nous, émerveillements du progrès social. Les

---

[1] En l'espèce, on retiendra deux définitions : celle de l'oiseau qui ressemble à une hirondelle et qui fait de magnifiques loopings au printemps. Le quartier porte son nom, car il s'en trouve beaucoup à y installer leur résidence d'été. Est-il utile de préciser que ce sont des migrateurs comme la plupart des habitants du dit-quartier ? Ensuite, celle d'un ustensile de l'époque qui sert dans l'éducation des enfants. C'est un bâton, prolongé de lanières de cuir. On le sort qu'aux grandes occasions, par contre, de temps en temps on rappelle son existence avec un air menaçant…

chansons rythmaient notre temps et Jean Ferrat voyait juste en chantant *La Montagne*.

C'est le quartier de mon enfance qui a brûlé plus tard, incendié par des jeunes désœuvrés par tant de chômage et d'injustices sociales. Quand la crise est arrivée, les familles ont éclaté, les pères ont perdu toute autorité sur leurs gamins, l'école a été débordée... Maman et ses amis pouvaient bien essayer de ramener la paix, la plaie était tellement profonde...

Le regard de ma mère et de toute la famille. Nous venions d'acquérir une 4 L, on aura un garage où la ranger ! Nous avons aussi une cave qu'on ferme avec un cadenas. On va y mettre la Motobécane de Papa et on entreposera les patates pour l'hiver. On sera au premier étage ! La porte s'ouvre sur un long couloir. À gauche, la cuisine, avec un évier en inox, le rêve de Maman. Un vide-ordures encore ! Ensuite sur la gauche, une salle de bain, avec une baignoire, s'il vous plaît ! Le lavabo et de quoi brancher la machine à laver. Et puis des chambres et des placards. On rêve ! Le lit superposé qui accueillait ma sœur Pascale et moi va être séparé. Nous allons avoir chacun notre chambre. Enfin, nous allions avoir la place d'une salle-salon comme on appelait ça à l'époque. Comble du luxe, cette pièce s'ouvre sur de grandes baies vitrées qui donnent sur une terrasse. Je me rappelle de la réflexion de Papa : « Cet été nous pourrons dormir à la belle étoile sur cette terrasse. » C'était sans aucun doute un original à ses heures... Ces immeubles étaient tous recouverts d'une mosaïque rose pour cacher le béton, d'où leur nom. Car en effet, c'était bétonné sévère ! Pas de parcs, mais d'immenses parkings. Du quatre ou du neuf étages avec ou sans ascenseur, des blocs de deux portes, de quatre portes, mais aussi de douze portes ! C'était le quartier des Martinets, mais nous avions inventé une caste, celle des résidents des « bâtiments roses ». Notre maire, lui, restait bien communiste, mais l'époque allait être au programme commun d'union de la gauche… Il avait un temps d'avance, comme disaient mes parents de Michel Rocard, ou de Jean-Pierre Chevènement, selon leurs choix, au congrès du Parti socialiste…

Et puis, ma France de l'époque, c'était comme la mobylette de mon père, « elle marchait au mélange ». Nous n'avons rien inventé, avec ce slogan, dix ans plus tard, quand nous avons fait la marche des beurs. C'est comme ça que nous avons grandi ! Nous avions des voisins. On allait s'entraider, trouver le paquet de farine qui manquait dans le placard pour les crêpes chez la voisine, ou bien recharger avec le voisin la batterie de la 4 L à plat un matin d'hiver. Mes voisins, c'étaient des fils ou filles de ripeur, de peintre, de maçon, d'OS, de secrétaire-comptable. Ils étaient Kabyles, Portugais, rapatriés d'Algérie ou Bretons. Nous formions une communauté de vie. On apprenait à faire le couscous. Certains mettaient du raisin dans la semoule et d'autres pas… Selon qu'ils étaient Tunisiens ou Marocains…

Comme le recto et le verso, le pile de la face, ce n'était pas forcément tout beau, tout rose… Bien sûr que le gardien d'immeubles était respecté et qu'il dressait des amendes aussi souvent qu'il sortait les poubelles. Mais entre enfants, on savait se déclarer quelques guérillas urbaines sur les chantiers qui nous entouraient… Alors là, notre garde champêtre des temps modernes, il n'avait qu'à bien se tenir sur ses jambes, car la marmaille, elle galopait…

On faisait bloc, comme nos immeubles. Chaque ensemble valait une bande et un territoire à défendre. Ces chantiers étaient nos « no man's land ». On y trouvait nos armes, barres à béton, planches et silex… Il y avait des trous où se terrer, des tas de sable où dominer les ennemis et des territoires à conquérir. Je me souviens que ma petite sœur avait été battue par une bande de vauriens des immeubles du haut. Si Maman avait fait un barouf du diable chez les géniteurs de ces garnements, nous, nous réglions ça à notre manière le lendemain, en organisant des commandos de représailles… Généralement, ça se jouait le mercredi. L'idée de mes parents de nous mettre au centre de loisirs, à la peinture et au sport fut une façon de me sauver de mes humeurs guerrières. Contemplatif, mais pas que, le jeune garçon…

Alors, je me souviens d'une bataille remportée un jour, qui me coûta fort cher, durant une année… Un jour de guerre comme les autres, je m'étais senti pousser des ailes et je jouais les héros, les poches pleines de silex, je continuais à arroser ceux du bloc de droite, réfugiés au premier étage. Mes copains s'étaient repliés, considérant leur mission accomplie alors que moi, je m'appliquai consciencieusement à vider mes poches en tirant du bas sur cette bande de lâches qui avait reculé sous nos coups de boutoir. « Fignoler le travail », m'avaient appris mes parents… Les insultes volaient à mon encontre, mais je ne me débrouillais pas mal, satisfait que j'étais de tenir en respect un groupe en surplomb, à moi tout seul ! Les poches vides et l'affaire conclue, je fis marche arrière, quand j'entendis derrière moi la porte vitrée de mes ennemis retranchés, éclater en un mouvement… assez bruyant. C'est alors que l'adversaire fit preuve de perfidie, par la consternation aussi unanime que l'accusation. « Libert avait détruit la porte à coups de pierres ! » Le dos tourné, les poches vides, je devenais comme Gary Cooper dans *le train sifflera trois fois,* la victime expiatoire… Je ne lutterais pas cette fois à armes égales… Mes copains avaient pris la poudre d'escampette et les parents allaient s'en mêler. « Notre immeuble ouvert à tous les vents ! Quand va-t-on nous remettre une porte ? »… Le gardien, les voisins des parents, la facture de l'office… Dans la version chantée du film de Zinnemann, on entend « Si toi aussi tu m'abandonnes… »

C'est ce qui m'attendait le soir, une fois le repas partagé en famille. Un rendez-vous en compagnie de mes parents, la vaisselle faite, mes sœurs couchées dans leur chambre. Rien de plus pénible quand on est gosse que d'avoir des parents soucieux de votre éducation et de sociabilité. Les dix coups de martinets, car ils étaient comptés, pour ne pas faire comme les autres pères qui sortaient la ceinture et corrigeaient sans limites, furent une douceur en rapport à la causerie qui avait précédé la sanction corporelle. Bien sûr, ça laissait des traces roses sur les fesses durant deux jours et ça vous indisposait au moment de vous asseoir, mais écouter ses parents vous inviter à réfléchir à la vie… Ça, c'était terrible ! L'occasion était trop belle pour eux de me faire découvrir la justice et son cortège d'injustices… Je pus donc m'expliquer, je n'avais pas d'avocat, même commis d'office, pour me défendre. Je plaidais à l'infamie et à l'erreur judiciaire, coupable que j'étais de me battre régulièrement, mais en rien d'avoir descendu la baie vitrée du bloc d'à côté… C'est alors que mon père me fit comprendre que j'étais coupable d'une témérité imbécile et d'imprévision coupable. L'injustice allait me forger un goût fort prononcé pour la justice « réelle » comme on dit maintenant… Et puis Maman parlait de respectabilité… Ensuite, ils m'apprirent ce qu'était une assurance, que les parents avaient obligation de souscrire. La GMF, en ce qui nous concernait, car elle avait l'esprit mutualiste. Ils m'apprirent aussi ce qu'était une franchise que l'assureur avait inventée pour nous obliger à rester responsables de nos actes. Et comme il fallait que je sois responsable de l'injustice qui m'était faite, mon père m'accordait crédit sur mon argent de poche jusqu'à remboursement complet des coûts de franchise qu'il assumerait dans l'instant. Pendant de longs mois, il calcula ce que mon livret scolaire me rapportait en argent de poche et il déduisait invariablement le prorata de la franchise de la porte vitrée… Je fis plus tard « des sciences éco », j'arrêtai de lancer des pierres et me servis plus souvent de mes poings. En attendant, je dus accompagner régulièrement mon grand-père faire son tiercé pour espérer gagner des images Panini et je fis des progrès aux billes pour ne pas avoir à en acheter chez le commerçant du coin.

C'est ainsi que je me souviens de ces bâtiments roses et d'une sacrée vie en rose ! C'était pas *La Guerre des boutons*, mais c'était pas mal non plus... Nos villages, c'était nos immeubles ! Notre montagne, c'était les Martinets !

3. Je me souviens… De la Motobécane et du courage qu'il fallait à nos pères pour aller gagner leur croûte…

Ils avaient grandi à Saint-Quentin, ils roulaient en Motobécane… Elle était lourde, elle était grise, elle roulait au mélange deux temps qu'on tirait de la pompe. C'était une 49,9… Pas besoin de permis et une assurance moins chère. Elle avait deux grandes jupes à l'avant pour protéger les jambes comme le scooter italien, mais en moins chic… Le siège était celui d'une moto ; fallait bien crâner un peu et emmener sa chérie à l'arrière pour qu'elle se serre bien fort. Mais dans les côtes, fallait pédaler… C'était une « grand tourisme » qui faisait un boucan d'enfer ! On en a été fier. Ensuite, on a dit d'elle qu'elle rendait service. Et puis un jour, on l'a revendue trois sous, si on ne l'a pas donnée pour qu'elle continue à sa vie… C'était inusable tellement c'était simple de conception. La 2 CV des mobylettes ! Presque jamais en révision, on grattait la bougie et elle repartait jusqu'à l'hiver suivant. C'était pas de l'Allemande, encore moins de la Japonaise. Ça roulait ! Sans casque… Et puis Motobécane et la Cotonnière, ça donnait du boulot à tout Saint-Quentin !

En ce temps-là, on n'allait pas bosser en bagnole… Il y avait bien des bus, mais pas grand-chose. Les villes allaient s'entendre un jour pour mettre en place un service de transport urbain. On était arrivé à Montataire et il fallait travailler à Creil. En attendant, on avait le vélo ou bien la mobylette. La voiture, elle, restait à la maison. Y'en avait pas deux et quand Maman a eu son permis, elle faisait les courses avec. Elle amenait ma petite sœur à la maternelle… Pour le travail, on rejoignait l'usine, le bureau ou la gare, les trois souvent, dans une seule vie… Car, quand j'étais petit, on habitait à côté du turbin. Et puis progressivement, avec les crises, le chômage, on s'est habitué à éloigner la chaumière de l'usine ou du bureau… Pour trouver des maisons à pas cher, on est allé vivre la campagne. C'est sûr, c'était moins d'impôts, mais pas moins de fatigue. Alors, avant que Papa n'aille travailler à Paris, comme les huit mille travailleurs qu'on trouvait gare de Creil au petit matin, il est allé à mobylette…

Je suis dans le haut de Montataire, à côté du petit château, pas celui qu'on a gardé pour les ingénieurs d'Usinor, mais celui des enfants du centre aéré. Là, je regarde la vallée de l'Oise. C'est un marais insalubre qui a fait le bassin creillois comme m'expliquera un jour mon professeur d'histoire, Charles Lemmans, qui était un homme haut en couleur. Professeur laïque, il deviendra curé. Il avait été conservateur du musée de Creil ! On l'adorait…

De là, entre Nogent-sur-Oise, Villers-Saint-Paul, Creil et Montataire, on avait une vue incroyable sur le bassin industriel. D'abord un immense parking avec plein de voitures dessus, toutes neuves sorties de chez Chausson. On voyait Usinor, la Vieille Montagne et sa cheminée qu'on n'aurait jamais dû détruire, l'usine des coffres-forts Fichet. Des lignes de chemin de fer partout ! Des routes et le pont en Y qui passe dessus. Un lycée technique qu'on appelait Gournay. 2000 lycéens pour apprendre la chaudronnerie ou la chimie… La rue des usines et des bistrots à n'en plus finir. Je me souviens des comptoirs envahis de verres de vin blanc et de Ricard à l'attente de la sortie de l'usine Chausson-Brissoneau au petit matin. Ils avaient fait la nuit, des types fourbus, buvaient leur canon, le réglaient et passaient sous le tunnel piéton qui les menait jusqu'au parking des bus.

On savait que les poutres de la tour Eiffel avaient été fabriquées à Creil et que les pierres de Paris avaient été transportées sur l'Oise depuis Saint-Maximin. Plus loin il y avait Pechiney-Ugine-Kuhlmann. Je ne la voyais pas cette usine-là et pourtant une nuit, je l'ai devinée et pas qu'un peu… Car elle était en feu et rayonnait des kilomètres alentour ! Je connaissais des amis des parents qui y travaillaient, ils avaient les mains bleues et on racontait que certains jours, si on laissait sécher son linge dehors, à côté de l'usine, on le retrouvait de la même couleur que les mains du copain…

Je me bouge et je vais dans une tour des Martinets, chez Lucien et Marie-Jo. Là, je vois Astral, les Câbles de Lyon, Saxby, le passage à niveau, la gare de Montataire, mais aussi, celle des usines. La ligne Creil-Beauvais, celle des travailleurs de la vallée du Thérain que j'emprunterai, jeune instituteur de Creil, pour me rendre à l'École Normale de Beauvais. Plus loin, je vois Saint-Leu d'Esserent et son usine électrique, la gare de triage… C'était pas des fainéants nos pères… Cheminots, métallos, sidérurgistes, mécanos, OS ou manœuvres, fonctionnaires et commerçants…

Autour de la gare de Creil et de la place Carnot, il y avait une activité de folie. C'est là qu'on allait, une fois par an, changer le costume de Papa au Palais du vêtement et les lunettes chez Gachet, car Jean-Pierre qui était opticien était aussi un ami. Il y avait des cinémas, l'Eden, l'Univers, l'Olympia ou le Théâtre, et même un Centre Culturel qu'on ne fréquentait pas… Ils avaient une piscine, mais on préférait celle de Liancourt construite par le père Dassault. Celui des avions, qui voulait se faire réélire député à chaque mandat, et qui distribuait *France-Dimanche* gratuitement dans les boîtes aux lettres des vaillants électeurs… À Creil, ils avaient une caisse de sécu où travaillait Papa et un stade vélodrome pour l'AS

Creil et le tour de l'Oise ! Et puis à l'automne, on se faisait croire qu'on avait fait des affaires chez les camelots de la foire aux marrons ! Pour tout ce petit peuple, deux supermarchés, un Leclerc et un Mammouth, tous deux implantés en cœur de Ville. Qui sait encore chez les jeunes que le concept de JouéClub a été inventé au Lutin bleu, rue Jules Uhry à Creil ? Qui sait que le premier Na.ma.ni. Se trouvait rue de Gournay entre Creil et Montataire avant de s'égrainer dans la France entière en Stockomani ? Maman nous habillait là pour la rentrée…

Le bureau de Papa était au Centre des cadres sportifs, à côté du foyer des jeunes travailleurs. Creil, avec ses deux anciens ministres socialistes était une ville exemplaire sur le plan du développement social ! Comme tous les pères, il m'avait amené une fois au bureau, et j'avais mangé au foyer des jeunes travailleurs qui était une cantine exceptionnelle en forme de self-service. La pointe de la modernité !

C'est comme ça que je voyais partir Papa tous les matins pour le travail sur sa Motobécane. Il était *Mon vieux,* comme on appelait nos pères en ce temps-là. Je me représentais mentalement son chemin en me rendant moi-même à l'école… Il allait descendre des Martinets et longer le Thérain, traverser le passage à niveau avant le passage du Creil-Beauvais et se faire secouer par les rails. Il roulerait devant Usinor et les maisons en coron de l'autre côté, passerait le pont en Y et apercevrait la gare. Il croiserait les estaminets avant de côtoyer les bords de l'Oise et de se retrouver place Carnot pour enjamber le pont fluvial avant la piscine. Là, il tournerait rue Aristide Briand, la côte était fameuse et il faudrait pédaler… Pour arriver au stade et au centre des cadres sportifs ! Il passait d'une rive à l'autre, d'un plateau à l'autre. L'hiver, l'été, par tous les temps, du brouillard, du verglas bien casse-gueule, de la neige ou de la pluie…

Je me souviens l'avoir vu rentrer, un soir, trempé comme une soupe avec son pardessus qui aurait pu sortir d'une machine en panne d'essorage et sa casquette qui lui gouttait sur le nez. Aujourd'hui encore, chaque fois que j'entends Daniel Guichard, je sais pas vous, mais moi des larmes me viennent... Car il leur en fallait du courage à nos pères pour aller au turbin tous les matins ! À l'époque, on faisait pas de « burnout », mais on en bavait bien tout de même...

Enfin, je repense à toutes ces usines qu'on n'a pas seulement bradées, mais souvent abandonnées avec toutes leurs machines, le savoir-faire et toutes les femmes et les hommes qui les faisaient vivre. On avait eu dans la famille plus de respect pour notre vieille Motobécane qu'on en aurait en ces temps de crise pour les travailleurs de Montataire, de Creil, de Villers, de Nogent et d'ailleurs !

4. Je me souviens… De la boucherie chevaline Dubois, lieu de bonté et de vérité.

Rue Kennedy, à Saint-Quentin, il se trouvait une boucherie chevaline. Aujourd'hui, on en ferait un monument historique… Façade de mosaïque rouge encadrant une vitrine au-dessus de laquelle trônait une tête de cheval. Si un jour vous marchez dans le Marais à Paris, vous découvrirez la boutique de mon enfance à l'angle de la rue Vieille du temple.

Ma tante vous accueillait avec un sourire que, seul, égalait celui de Maureen O'Hara dans *L'homme tranquille*. Comme les sœurs de Maman, elle était rousse… Comme elles, elle avait la générosité chevillée au corps. Elle a passé une vie derrière son comptoir à donner quelques instants de bonheur aux clients. Toujours en tablier blanc. Quelle vie enviable !

Devant vous, un étal de cervelas, de saucissons, d'andouilles, de terrines, de steaks et de roastbeefs piqués par leurs affichettes de prix variables en fonction de l'achat à la criée. Sur votre droite, un immense frigo de bois. Baisser les énormes poignées d'inox, c'était découvrir accrochés aux esses de magnifiques morceaux de viande qu'on allait pouvoir nous hacher frais. Derrière sur des étagères, quelques boîtes de conserves, petits pois-carottes ou haricots verts, au cas où… Un billot pour découper les pièces de viande sur lequel se calaient toutes sortes de couteaux. Et puis, à gauche de sa caisse, affichés au mur, les programmes des cinémas de la ville. Au sol, de la sciure répandue qui permettait de ne pas glisser sur le carrelage. C'est comme si je sentais encore ce mélange incomparable d'odeurs de viandes et de copeaux de bois qui emplissait la boutique.

Je sais, depuis l'enfance, reconnaître une bonne maison. Il vous suffit de regarder la queue devant la vitrine. Et de l'attente, il y en avait… Le temps pour moi d'apprécier le présentoir, d'écouter les conversations des clients. Christiane, c'est le prénom de ma tante qui tient la chevaline. Elle était l'écho du quartier et du Tout-Saint-Quentin qui connaissait la bonne adresse pour son repas du dimanche. Alors on prenait des nouvelles d'un parent malade, de la réussite scolaire de la petite-fille ou de l'avancée des travaux place de l'hôtel de ville…

Quand Maman passait sa commande, il y avait toujours un morceau de trop à tomber dans le panier et la balance était déréglée… Et puis comme tous les enfants de Saint-Quentin j'attendais mon bout de saucisson qui m'était offert à la découpe avant le passage en caisse. Aller chez Dubois à Saint-Quentin c'était comme aller chercher son pain chez Poilâne à Paris, ses gaufres chez Meert à Lille ou bien prendre ses langoustines chez Moulin marée à Lorient… Se projeter dans un repas réussi à l'instant de faire sa course, faire durer le plaisir du panier à la table. D'ailleurs, on ne dit pas aller chercher des gaufres à Lille, mais se rendre chez Meert. Alors à Saint-Quentin on va chez Dubois. C'est le privilège des belles maisons…

Papa m'avait expliqué que la viande de cheval, c'était la viande des ouvriers et des mineurs de fond, pas celle des Normands, mais celle des Ch'tis ! Elle était rouge sang, comme dans les paroles du *Drapeau rouge*. Naturellement, chaque samedi, on faisait la viande hachée, on mangeait le saucisson ou l'andouille en entrée et tout ça était accompagné de frites maison cuites dans la graisse de cheval… Le Nord, quoi ! Le dimanche, si la volaille n'était pas au four, c'est qu'un rôti garni d'ail et de poivre allait être lancé. Pas trop longtemps pour garder à la viande son fondant !

Mais mon aventure d'enfant ne s'arrêtait pas là. Privilège enviable de neveu, comme il y a un côté cour et un côté jardin au théâtre, il m'était permis de découvrir l'arrière-boutique de la boutique. Le laboratoire !

Une porte-fenêtre avec une vitre teintée séparait les deux espaces. Du labo, on observait les clients qui ignoraient toute l'agitation en coulisse. Mon oncle Michel, lui aussi, avait une tronche. De celle qui se lève tôt le matin à la fraîche pour prendre la mesure de la tâche et préparer la pièce… Il travaillait dans le froid, ce qui est bien normal… Un nez à la *Cyrano*, dont il aimait sourire, des paluches qui s'étaient habituées au froid et aux coupures. Blouse pied-de-poule violette, uniforme des bouchers, par-dessus un grand tablier blanc immaculé. À ses côtés, son commis Alexis qui l'accompagnera des années durant. Le matin, il faisait les marchés avec la camionnette. L'après-midi, ils travaillaient ensemble. Je me suis longtemps levé tôt pour préparer ma classe et étudier mes dossiers pour la mairie. Souvent, il m'arrivait de penser à ceux-là. J'étais bien au chaud à mon bureau, une tasse de thé à mes côtés avant d'aller faire mon footing sur les berges de l'Oise et d'aller embaucher.

Des fours, des frigos, des bacs, des couteaux et de la viande. La machine à faire les saucissons. Le travail de la viande vous rendait la vie simple. On ne se la racontait pas. Je connaissais à mon oncle trois passions : la pêche, la boxe et le vin de Bordeaux. J'aimais qu'il tente de dissimuler, sous ses airs de dur à « cuir », sa profonde humanité. Il savait vous décrire un bonhomme en trois mots aussi vite ficelés qu'il transportait une carcasse de cheval ! C'était drôle, moqueur, mais jamais mauvais. Alors on parlait beaucoup. J'ai toujours eu le sentiment de n'avoir jamais été pour lui un enfant, mais un petit d'homme et ça c'était bien ! Un retour du respect qu'il avait pour mon père, peut-être ? Comme au bistrot, dans le labo, on refaisait le monde. Ce monde, il était simple et bon. Suffisait que les Hommes s'y entendent. Son commerce, « c'est pas les hyper qui l'auraient… » Avec ma tante, je sais bien qu'ils s'occupaient des clochards du quartier, mais de ça ils n'en auraient jamais parlé. Ces deux-là, comme mes parents, s'ils n'avaient pas été malheureux, enfants. Juste, ils n'avaient pas toujours eu leur compte de vitamines…

À l'occasion, on se retrouvait pour les fêtes à la table de ma tante et de mon oncle. On a goûté des choses merveilleuses et descendu des bouteilles d'exception. Lui mangeait chaque jour sa soupe de légumes moulinés par ma tante dans laquelle il trempait sa viande hachée crue et du fromage râpé en abondance. Un simple parmi les riches. Cette générosité, dans la simplicité, pouvait lui faire faire des folies quand il avait trop goûté le Bordeaux… Ado, un Premier de l'an, je ne sais pas pourquoi, il nous demanda, si nous avions des montres de plongées… C'était la mode des Kelton et un peu du commandant Cousteau… Il se mit à appeler son voisin bijoutier et lui fit ouvrir sa boutique au grand désarroi de ma tante et de nos parents… Nous l'accompagnions dans ce projet totalement délirant qui nous laissa, au poignet, à la rentrée, une montre à quartz flambant neuve… C'était ça aussi, Dubois…

C'est dans le labo de mon oncle que j'ai trouvé un des plus grands réconforts de ma vie. J'avais 18 ans quand j'ai dû accompagner mon grand-père à l'agonie alors que Papa tentait de remuer ciel et terre dans l'hôpital pour qu'on apaise ses souffrances. Ça m'avait pas mal secoué et Papa a eu la géniale idée de me déposer chez le père Dubois après cette tranche de vie… Il m'avait commandé d'aller chercher une bouteille à la cave, c'était bien si elle avait mon âge… On l'a fait chambrer dans un lave-vaisselle. Comme je l'ai écrit, il était assez adepte des procédés expéditifs… Et puis, il m'a dit « tu sais, gamin, pleurer, ça fait du bien... » On a parlé de la vie, de ce qu'elle offrait de bon et de ce qu'elle pouvait reprendre. Ça sonnait toujours juste, c'était un artisan, un orfèvre des sentiments.

Mon cousin Mimi a repris l'affaire, il marche dans les pas de son père... Rien de simple pour lui d'aller dire à ma tante d'aller se reposer un peu... Que voulez-vous ? Faut aller chez Dubois...

5. Je me souviens que j'avais les pieds plats,
   et qu'il fallait marcher droit…

Dans ce travail de mémoire dans lequel je m'installe, j'ai retrouvé mon carnet de santé. Il est bleu, noté ministère de la Santé publique et de la Population. Ça en dit long sur le monde de 1963… En en-tête et en fin, on y trouve un feuillet rose dont le sujet est « que donner à boire aux enfants ? » On y recommande une consommation d'eau limpide, bonne et fraîche, de lait qui est un aliment en plus d'une boisson, utile à la croissance, naturel ou parfumé, mais toujours bouilli ou stérilisé… Qui se souvient de la peau sur le lait qui n'était jamais écrémé ? Enfin, on insiste sur les jus de fruits, frais ou concentrés, en sirop, achetés ou faits à la maison… Les dernières pages nous rappellent que le vin et le cidre sont inutiles et nuisibles au développement intellectuel et physique de l'enfant. « L'alcool est un toxique pour tous, mais plus encore pour les enfants. » Maman et Papa ont reçu ce carnet en cadeau de l'État accompagnant ma naissance le 28 mars de cette année-là. On éduquait à la santé… Je crois bien que la caisse d'épargne pensait aussi à moi en ouvrant un livret à mon nom. Un autre monde…

Des feuilles volantes se détachent de mon carnet à son ouverture. Le docteur Tournier m'a vacciné le 29 mai 1964 du BCG. Il a contrôlé la taille des scarifications (2 cm) le 29 juin 1965, après m'avoir fait un rappel le 18 juin… Le document est à l'effigie de Louis Pasteur. On recommence en 1966. En arrivant à Montataire, c'est le centre municipal de soins Marcel Cachin, son service de vaccinations qui prend le relais. Je suis convoqué par le maire ! Ma santé c'est l'affaire de tous ! De l'école qui me suit et me contrôle, de l'État, de la Commune... Un monde de solidarité et de sécurité sociale...

Je tourne les pages et je découvre que je pesais 3 750 kg à la naissance. Je reconnais l'écriture de Papa... Ensuite, les vaccins prennent toute la place, antivariolique (une des plus belles victoires de la médecine), antidiphtérique-antitétanique... BCG, les réactions sont positives plus plus, comme on peut le lire... anti poliomyélite. Tout ça est écrit à la main et rempli de tampons officiels. Pendant un an, on me pèse régulièrement et je grossis. Maman avait acheté un pèse-bébé dont j'ai le souvenir. Il fallait faire glisser un poids sur une règle. Un berceau métallique accueillait l'enfant à peser. Maman a noté que j'ai fait de zéro à deux ans des rhinopharyngites, des bronchites, la varicelle (dont il reste une trace sur le bout de mon nez), des otites, des angines, la rougeole et la rubéole. Assurément, j'étais aimé. On ne note pas que j'ai fait mes dents et que j'ai dû bien perturber le sommeil de mes parents... À dix ans, je mesure 1,45 m et je pèse 43 kg. Je me porte bien !

La santé scolaire s'en mêle, à 15 ans j'ai une parfaite acuité visuelle. Je mesure 1,69 m pour 67 kg. Le cœur et la tension artérielle sont normaux.

Le 19 juillet 1965, je suis opéré des végétations. C'est drôle, car je me souviens d'une intervention chirurgicale. Sûrement ai-je dû subir une autre opération des amygdales un peu plus tard ? Je suis à la clinique sur un grand lit. On me met un masque sur le visage, ça sent fort... On me demande de compter jusqu'à dix et je n'arrive pas au bout. Je n'ai pas souvenir d'avoir eu peur. Le sentiment de me réveiller vraiment à la maison et le bonheur de manger des crèmes et des yaourts durant une semaine... Nulle trace des oreillons que j'ai faits après mes deux ans. Un mois, l'année du CE2, à rester au lit dans ma chambre, à lire des BD et à jouer quand j'allais mieux. On ne vaccinait pas de ça à l'époque, mais on apportait les devoirs pour pouvoir continuer à suivre le travail scolaire. J'ai aimé ça aussi. On disait que c'était bien de les faire jeune, les oreillons ! On pouvait regarder la télé plus tard, car on n'allait pas à l'école le lendemain...

En clair, j'ai la chance d'être un enfant en bonne santé qui fait des maladies normales qui participent à me faire grandir... Le médecin se rendait à domicile plus souvent qu'on le visitait au cabinet. Il n'avait pas d'ordinateur, mais des fiches individuelles et notre fameux carnet de santé. Il avait un ordonnancier et remplissait des feuilles de sécu presque comme aujourd'hui. Nous n'avions pas de carte VITALE, mais déjà un numéro d'immatriculation.

La santé est l'affaire de tous ! L'École Républicaine n'a pas encore cent ans. Rien n'est acquis, on a connu la mort de la grippe et de la tuberculose. On a connu la faim et les privations. Mes parents ont grandi aux tickets de rationnement... On développe l'activité sportive à l'école et en dehors. Parents, grands-parents, prennent soin de nous et se rattrapent de ce qu'ils n'ont pas pu avoir étant enfant. Je bénéficie des recettes de « grands-mères » et surtout, mon grand-père est préparateur en pharmacie... Alors ça ne traîne pas. Tous ces remèdes qui me guérissaient sont désormais sortis des officines. Ils ne m'ont pourtant pas fait de mal... L'espérance de vie n'était vraiment pas très élevée. On était content quand on pouvait profiter un peu de sa retraite... L'infarctus et le cancer faisaient des ravages. On faisait régulièrement une radio des poumons, pas d'échographie, de scanners ou d'IRM... La Résistance avait inventé la sécurité sociale et les syndicalistes veillaient au grain ! Soins et prévention ne devaient rien coûter aux salariés et à leur famille !

Alors, dans tout ce système de surveillance et de suivi médical, un malin observe que j'ai les pieds plats… Et les pieds plats c'est un motif de réforme militaire ! « Faut réparer ça jeune homme ! On s'en moque que tu défileras dans les manifs antimilitaristes en grandissant ! » Quel bonheur de me retrouver des heures à attendre chez l'orthopédiste ! Je regarde les premiers *Marie-Claire* et je trouve les modèles plutôt jolis. On n'avait pas ce genre de littérature à la maison… Ensuite, on finit dans le cabinet du spécialiste qui vous tourne les pieds dans tous les sens. Puis, il faut poser ses pieds sur une grande vitre lumineuse. Ça marche comme pour les empreintes digitales. On voit que la plante des pieds prend trop de place sur la vitre et la sentence tombe : « il faut des semelles orthopédiques… » On se retrouve tous les six mois, car un pied d'enfant, ça grandit… Le problème avec les semelles, c'est pas d'aller les prendre deux semaines après et de les essayer… C'est qu'il vous faut des chaussures montantes pour vous tenir les pieds… Et ça en 68, c'est plutôt pas la mode !!! Sauf chez les CRS et les militaires… Pendant des années, je vais détester les marchands de chaussures qui gèrent avec ma mère l'achat de la paire de pompes, complices de la cliente dans les encouragements d'un enfant qui ne veut vraiment pas collaborer. Assurément, j'ai fait rire mes copains et je n'aimais pas ça. Assurément, j'ai pris des savons à la maison en rentrant avec des chaussures auxquelles je faisais endurer le martyre. Ces grosses chaussures, ça vous fait des cloques aux pieds et elles ne sont vraiment pas le meilleur ami de l'homme… Et puis, avec le progrès médical, un médecin a expliqué que c'était bon pour moi de marcher pieds nus l'été, surtout dans le sable. On m'a aussi envoyé chez le kiné apprendre à attraper des objets avec mes orteils. Alors là, j'ai vraiment pris mon pied ! L'adolescence venue, je ne sais pas qui a gagné la partie de mes pieds ou de ma résistance et on me laissa enfin libre avec mes arpions ! Bien sûr que je me suis rattrapé aussitôt en courant acheter des sabots et une paire de

Camarguaises. Doux bonheur dont j'avais été privé enfant ! Et puis est venue la mode des Clark alors j'ai retrouvé des chaussures montantes qui ne me faisaient pas mal aux pieds et surtout qui ne feraient pas rire les copines. J'étais vraiment en bonne santé !

6. Je me souviens… Du classement, et de mes premières questions sur l'égalité et la justice…

Je suis en CE1, chez M. Flint. On aime tous notre maître qui est un moderne en 1970 dans notre vieille école de garçons. Il a une belle voiture blanche décapotable. Tous les samedis matin, il met un ballon au milieu du terrain de sport goudronné. Il nous laisse organiser nos deux équipes d'une quinzaine de joueurs qui vont s'agglutiner autour de celui-ci dans l'espoir de le mettre dans le but adverse… C'était bien. Mieux que de faire des tours de cour ou de grimper à la corde… Après la Révolution de 68, on avait renforcé la place du sport dans l'École ! Il nous autorisait à installer dans la classe un aquarium avec des tritons et des têtards. Et il organisait des leçons autour de notre aquarium. On écoutait la radio scolaire, je n'y comprenais rien. Au printemps, il était devenu Papa, nous avions été mis dans d'autres classes et au retour il était beau à voir. Et puis on était assurément mieux avec lui qu'avec M. Ravert, notre directeur qui nous terrorisait avec ses punitions corporelles, sa règle en bois sur les doigts et les genoux sur l'estrade. Il y avait aussi M. Charpentier qu'on entendait régulièrement hurler. Il fumait en classe et si on était bien gentil avec lui, il nous envoyait faire ses courses en ville…

Mais notre maître était tout de même un instituteur de son temps. Il nous appelait par nos noms de famille comme les coureurs du tour de France… « Anquetil » au tableau,

« Poulidor » tu as encore tâché ton cahier… Il nous a fait travailler une merveilleuse leçon de choses sur le stylo bille avec un crayon de bois et notre porte-plume. Il s'agissait de le dessiner sur le cahier, car un jour on aurait le droit d'écrire avec cette incroyable invention de monsieur Bic ! On apprenait des récitations comme *Le corbeau et le renard* et même si on ne comprenait qu'un mot sur deux, on comprenait bien le sens général de l'histoire…

Il avait aussi décidé de me faire perdre mon accent du Nord. C'est ainsi qu'à l'occasion d'une interrogation, je passai de longues minutes au tableau à tenter de dire une « rôse » alors que je n'avais jamais entendu autre chose qu'une « roase » durant toute mon enfance. Si je réalisais que je faisais beaucoup rire la classe et un peu moins mon maître, je ne comprenais pas ce qu'on « entendait » de moi… C'est bon d'apprendre très tôt l'humiliation. Ça forge le caractère… Comme disait mon grand-père. Je sentais bien que j'étais un étranger à assimiler.

Et puis, chaque fin de mois, il y avait les contrôles et le classement. Il s'agissait durant la dernière semaine de vérifier si les leçons avaient été bien apprises et comprises. Tout était noté sur vingt. La majuscule en écriture, l'accord du pluriel, le présent du verbe être, la soustraction posée, le nom des fleuves de France sur une carte encrée sur le cahier… Ces appréciations étaient transcrites sur un livret vert qu'on appelait carnet de notes et qui était transmis aux parents pour signatures. Ensuite, on passait à autre chose…

Nos bulletins étaient délivrés à chacun dans le cadre d'un cérémonial immuable. Ils étaient classés du dernier au premier. Chacun avait droit à un commentaire public qu'il ne comprenait pas forcément dans le détail, mais qui lui permettait de savoir en gros s'il était bon, moyen ou mauvais… Le plus, cette année-là, c'est que nous changions de place de table en fonction de notre classement, comme dans le journal après Paris-Roubaix… La classe était organisée en quatre rangées de tables de deux élèves. Le bureau du maître se trouvait face aux élèves les plus faibles, souvent les plus turbulents, parfois les plus dégourdis… C'était un pédagogue astucieux… Au fil des mois, le temps de m'adapter, j'ai rejoint la rangée la plus éloignée de mon maître. Régulièrement, je me fus assis à côté de Rémi. Pascal était inatteignable, toujours à la première place, au premier rang ! On disait de lui qu'il sauterait de classe… Bien joué, il évitait la classe du directeur ! Je retrouverai Pascal, à l'École Normale, il y entrait une année après moi, nos parcours ne sont pas linéaires… Quant à Rémi, nous nous croiserons bien plus tard à Lorient, alors que j'inventais un salon du livre jeunesse, il était devenu dramaturge. Avant cela, je m'étais retrouvé assis à côté de son père, au conseil municipal de Creil. Mystère des trajectoires. Si nous nous rencontrons de nouveau un jour, nous n'aurons pas de mal à nous entendre sur la faible influence de nos classements et de ces chaises musicales dans le développement de nos talents respectifs… On n'apprenait pas le beau, on n'invitait pas à la créativité ou au travail en équipe en dehors du foot ! Par contre, je sais que j'ai oublié les prénoms de mes camarades qui étaient les plus éloignés de moi… Déjà, je trouvais ça injuste… Humiliant pour eux et pour moi… On nous préparait à la vie sociale ?

Plus tard, car les programmes l'exigeaient, nos maîtres nous noterons en lettre de A à E. Il s'agissait de réduire l'arbitraire et la bêtise. Que veut dire un 13,2 en géométrie ? La tradition ayant une force de résistance et d'adaptation qui est insondable au sein de l'École ; on inventa vite un tableau de transcription de la sacro-sainte note, en une merveilleuse déclinaison de A+, A et A- allant jusqu'au E- qui devait se traduire par zéro pointé en langage d'avant la Révolution… Papa et Maman surent adapter leur barème d'argent de poche au mérite à toutes ces réformes scolaires…

Quatre années plus tard, j'entrais au collège Anatole France. M. Delhaye était notre professeur principal. Il nous enseignait les mathématiques et laissait deviner un vrai engagement au service des autres, siégeant au conseil d'administration, animant des sorties scolaires ou faisant grève à l'occasion. Je me rappelle d'un cours, qui me marquera toute ma vie, tant il sonnait juste, même s'il se révéla totalement erroné par la suite. Était-ce un lendemain de grève ou l'avions-nous passablement agacé ? Toujours est-il, qu'il cessa de nous faire classe pour nous faire une leçon vivante sur la proportionnalité. Il prit notre groupe en exemple… En ce temps-là, nous étions une trentaine par classe et il se mit à dessiner une ligne du temps scolaire depuis la sixième jusqu'à la licence. Nous comprenions que nous étions déjà bien heureux de ne pas faire partie des 20 % d'analphabètes ou d'illettrés qui peuplent notre pays… Nous n'avions pas été orientés en section d'éducation spécialisée, ni en classe de transition qui n'avait de transition que le nom… Alors on s'arrêtait à la cinquième, nous allions perdre quatre d'entre nous qui statistiquement allaient sortir du cursus normal. Même chose en quatrième, puis en troisième… Nous serions une dizaine à aller jusqu'au baccalauréat, sans espoir de l'obtenir forcément. Et a priori, trois d'entre nous seraient en mesure de suivre des études supérieures sans garantie d'accéder aux diplômes… Il se trompait en oubliant la science mystérieuse de la prospective, mais il nous avait sacrément secoués avec son cours de maths improvisé. Ce qu'il disait était juste à l'instant T, beaucoup d'entre nous allaient rester sur le carreau, l'École était une machine à sélectionner en même temps qu'elle nous offrait l'espoir de nous élever. J'ai eu mon bac, sans mention, à 18 ans et je suis devenu élève instituteur en 1981. Nous n'étions pas si nombreux de cette classe à l'avoir obtenu… J'allais travailler à 18 ans, la plupart de mes amis ont bossé bien plus tard avec la naissance du chômage de masse qui touchait en premier lieu notre génération, la génération Mitterrand… Et puis peu de temps après, on visait à amener 80 % d'une génération au bac… Les calculs étaient à revoir, mais l'injustice devenait chaque jour plus grande. L'École Républicaine est restée impuissante alors, malgré la prise de conscience. Les hussards des ZEP, ne pouvaient à eux seuls, donner aux enfants ce dont ils avaient le plus besoin, des parents avec un emploi, de quoi se soigner et manger convenablement, l'accès à la culture, un toit rassurant…

Enseignant, je me rappelais mes expériences d'élève moyen-bon, brillant quand il était motivé, chahuteur et insolent qui pouvait « tellement mieux faire ». (sic) Je me suis intéressé à la docimologie, en français normal, l'art d'évaluer… Au fil de mes lectures et de mes expériences, de mes postures, je comprenais qu'on pouvait agir assez simplement pour transformer beaucoup… Je me suis d'abord dit que si mes élèves étaient « mauvais », c'est qu'ils étaient à l'image de leur maître qui ne savait pas transmettre. Bien sûr, car je suis raisonnable, je sais que je ne peux pas tout et que s'ils n'ont pas mangé le matin, ils ne vont pas apprendre… Alors comme Mendès, j'allais chercher du lait à la cantine… Ensuite, j'ai réfléchi à l'estime de soi et au sens des apprentissages. Quand on demandait aux enfants pourquoi ils venaient à l'école dans nos quartiers déshérités, ils répondaient qu'ils étaient là pour être bien sages… Jamais on n'entendait « pour apprendre »… Il fallait apporter du sens, des enjeux de vie dans l'école, l'ouvrir au monde, sortir de la ZEP… J'ai vite compris que la confiance, même déraisonnable, donnait des résultats surprenants, sans avoir fait nécessairement effort de pédagogie. Alors, je ne cherchais pas trop à connaître l'histoire de mon élève et je portais sur lui un regard neuf, pas forcément naïf… S'attacher à noter ce qui marche, ce qui est réussi, ce qui est beau, sans concession, c'est faire l'essentiel du chemin. Je découvrais ensuite une étude qui montrait que les maîtres qui obtenaient les meilleures performances en classe étaient ceux qui étaient les plus engagés dans leur mission, quelle que soit la méthode employée… Comme directeur, j'aimais à rappeler à mes collègues, pour l'avoir vécu moi-même, que beaucoup de parents avaient peur de l'école. D'abord, beaucoup y ont souffert, s'y sont trouvés humiliés ou n'ont pas eu les clés pour la comprendre… Ensuite, ils savent tous qu'elle est la seule planche de salut pour leurs enfants… On sait aussi, étude à l'appui, que l'immense majorité des jeunes qui parviennent jusqu'aux grandes écoles sont des filles et des fils de cadres et d'enseignants. Ils ne manquent pas de mérite, mais surtout ils sont accompagnés de parents qui connaissent les codes et ont les fameuses clés…

La note… À l'occasion d'une évaluation nationale, nous décidons avec les collègues de procéder à une correction collective. Nous sommes cinq autour de la table et nous avons en main un guide de correction épais comme un catalogue, la production de l'élève se traduit en cinq notes. Assurément, ce ne sera que justice… Un collègue s'arrête face à une réponse d'écolier, nous nous retournons vers notre guide et chacun d'entre nous propose une note différente qu'il sait argumenter en utilisant les références du guide… Reste une dernière découverte… Elle est terriblement humaine et me renvoie à mon CE1. De la maternelle à la classe prépa où ne sont réunis que les élèves les plus brillants de notre Nation, un sale penchant nous pousserait naturellement à faire trois groupes d'élèves dans une classe, les bons, les moyens et les mauvais… Je suis devenu enseignant, car j'ai eu la chance d'être parfois un mauvais élève ! Merci à mes maîtres de me l'avoir rappelé…

7. Je me souviens... De la Toussaint et d'autres instants qui construiront ma culture d'homme du Nord.

Il fait froid. « Ça gèle à pierre fendre » comme on dit autour de moi. Les voitures glissent bien. Une phrase me repasse aujourd'hui oubliée, « tu appelles en arrivant ! » On va à Saint-Quentin retrouver la famille. Le coffre est plein de chrysanthèmes pour aller sur les tombes. Sur les de nos plaines picardes, on traîne derrière des camions betteraviers. La boue est partout et je repense aux soldats de 14-18. On a l'habitude en cette saison d'avoir les véhicules pleins de terre. Si on passe à côté des cimetières militaires, on croise aussi sur nos routes de plaines sans fin, des raffineries sucrières. Qui n'a pas roulé devant une raffinerie ne connaît pas vraiment ce que le mot puer signifie… Et dire qu'il y a des gens dont c'est le quotidien saisonnier ?

À la Toussaint à Saint-Quentin, on se rendra à la foire ou à la ducasse, c'est selon. On retrouvera des cousins et on mangera des moules-frites sous un grand barnum. Les parents ont emporté un Vieux-Lille qu'ils vont partager en famille à l'issue du repas. On a le verbe aussi haut que le parfum de ce fromage chez les Indiens des Hautes Plaines… Il faut s'entendre parler. À se demander si cette façon de s'exprimer avec tant de foi ne cacherait pas quelques doutes en l'avenir ou sur soi. En tout cas, on rit fort et sans gêne ! La bière peut aider, mais elle n'est pas nécessaire. S'ils ont un peu forcé sur le genièvre, ils se mettront à chanter *Les gens du*

Nord... On l'aime ce juif arabe qui parle tellement bien de nous, les Ch'tis, mélanges de Belges, Wallons ou Flamands, de Polonais, de Kabyles ou d'Espagnols. Réfugiés ou immigrés du monde entier qui nous font goûter autant le potjevlees[2] que le couscous...

Ces plaines, elles ne sont pas seulement des terres de passage, mais aussi des terres d'accueil. Mon oncle, italien, a le verbe encore un peu plus haut que nous et on l'adore. Le rire nous est indispensable à la vie, et on prend bien du plaisir à se faire des blagues débiles. Les oncles et tantes jouent à se coller des faux PV au pare-brise, se faire passer pour un animateur d'une grande chaîne de radio périphérique au téléphone et nous on aime en rire. Quand ils se retrouvent tous réunis, avant de parler politique, c'est de ça qu'ils se vantent. Alors ils rient de nouveau. Et puis on prend des nouvelles de la grand-mère qui est fatiguée...

On va chez l'un, chez l'autre. Les rues sont toutes les mêmes, droites et longues, rue de la Chaussée romaine, rue de Paris, rue d'Amiens... Parfois, on passe un pont, pour admirer les trains ou les péniches. Les pavés sont encore là et ils glissent bien quand ils sont mouillés... Nos villes, ce sont des croisements dont les montagnes sont les beffrois et les clochers des églises. La basilique de Saint-Quentin, on s'y rend religieusement pour brûler un cierge avant de faire les courses sur la place de l'hôtel de ville devant le monument en hommage à la résistance opposée aux Espagnols, il y a déjà bien longtemps... Pays rodé aux invasions de tout temps...

Tous ou presque, habitent une maison de briques rouges à étage avec une arrière-cour et un petit jardin potager... En

---

[2] Ce mot je ne l'ai jamais vu écrit de la même façon et tous les migrants au nord du Nord revendiquent de l'avoir amené avec eux. C'est un mélange de quatre viandes blanches, servies froides, en gelée avec ses petits légumes, des cornichons et des frites. Mélange en cuisine comme en culture...

bas, une cuisine et une salle, le café est posé sur le poêle à attendre une visite prochaine. Si la porte est fermée et qu'il faut toquer à l'entrée, c'est parce qu'« on ne chauffe pas les rues ! » comme nous dit Maman. Pour nous, on sort une gaufre d'une boîte en fer et un verre de jus de pomme. Il y a un canevas accroché au mur dans un beau cadre qui représente un tableau de chasse. L'oncle me demande comment ça va à l'école, car chez nous, il n'y a pas beaucoup de place pour la paresse même si on aime tellement la déconnade. Les deux doivent s'entendre en harmonie…

C'est alors qu'on se décide d'aller à plusieurs au Carillon, la grande salle de cinéma où travaille ma tante pour voir *L'aile ou la cuisse* qui vient de sortir. « Tu appelles Christiane et on se dit quoi ! » Il y a de Funès et aussi un jeune comédien mal poli, mais tellement drôle qui se prénomme Coluche. Le Carillon, il tient son nom de l'hôtel de ville qui vous sonne les heures en vous enchantant… Il faut trouver à se garer et faire la queue pour avoir son ticket. Dehors ça sent les marrons chauds… Quand on rentrera à Creil, la semaine prochaine, ce sera la foire aux marrons… Instants d'automne qui vous parlent tellement de l'hiver… Sur le chemin du retour, ce sera peut-être le vent et la grêle qui nous accompagneront. J'ai grandi des mois dans le gris du ciel et croyez-moi, dès qu'il y avait un brin de soleil, on ne traînait pas à la maison… Matisse a grandi au Cateau-Cambrésis, pas loin de Saint-Quentin… Comme nous, il a vécu dans les cotonnières et les métiers à tisser. On a tous en tête ses couleurs qui nous font rêver l'année durant quand on vit le Nord et la Picardie…

Ce soir, je rentrerai chez mes grands-parents. Mamie se préparera une chicorée et elle me laissera remplir de boulets de charbon, pour la nuit, le poêle rond de Monsieur Godin. Avant d'aller me coucher, elle me demandera de faire une petite prière et en m'endormant je rêverai de carnaval, de géants et de chars, de lancers de confettis, de fanfares et de majorettes. Mon cousin défilera avec les Gilles de Binche et jettera des oranges **sur la foule** ! On criera et on fera les fous.

Maintenant que j'ai quitté mon Pays, je sais combien je lui dois en culture des simples. Toi, ma région des Terres du Nord, tu m'as nourri… Et je me dis que je suis infiniment riche de ça, moi l'étranger.

Alors je me souviens de la Toussaint et de bien d'autres instants qui ont construit ma culture d'homme du Nord.

8. Je me souviens de la Saint-Nicolas.

Vous le savez, je suis un petit garçon né à Saint-Quentin, une ancienne ville de foire des tisserands du Nord de la France, comme Amiens, Lille ou encore Bruges, en Belgique.

Étrangement, pour nous, la Saint-Nicolas commençait à la Sainte-Catherine… Mes sœurs et mes cousines recevaient une gentille carte des oncles et tantes, des grands-parents pour la Sainte-Catherine. C'était la fête des filles qu'on nous disait… Et nous, les garçons, on attendrait notre tour pour la Saint-Nicolas. C'est étonnant cette histoire, à l'âge d'internet, que de s'imaginer un gamin, recevant une fois par an, plein de jolies cartes avec un saint Nicolas dessiné, parfois accompagné d'un âne, souvent couvertes de paillettes argentées. Ces mêmes oncles et tantes habitaient la plupart du temps la même ville… Et on en touchait un bon peu, car à l'époque les familles étaient nombreuses… Il s'agissait d'une attention toute simple, d'offrir à recevoir un courrier par la poste, ce qui n'était pas si courant pour un enfant de six ans… Peut-être une invitation à lire et à collectionner, même si celle-ci était bien involontaire. J'avais tout de même une ancienne boîte de gâteaux en fer dans laquelle se retrouvaient tous mes courriers. Et quand le timbre était beau, je le conservais pour faire comme Papa ma collection dans un cahier d'écolier.

Mais cette affaire ne s'arrêtait pas là… Je devais passer par chez ma grand-mère chaque semaine. Ce jour-là, je savais que j'allais être gâté par deux paquets de friandises. Pour le premier, il s'agissait encore d'un saint Nicolas, mais cette fois en pain d'épices. Il était peut-être plus sec que les nonnettes que nous mangions régulièrement, mais là encore, il était mon rendez-vous annuel et il avait un goût à nul autre pareil. Il fallait avant de se régaler, développer l'image d'Épinal qui venait le mettre en valeur. En fait, on aimait tant le moulage du pain d'épices, qu'on n'était pas pressé de l'avaler. Et il fallait sûrement qu'un adulte nous pousse un peu… Et puis, accompagnant mon pain d'épices, il y avait un sachet de bonbons en sucre, assez durs au léger goût d'amande, qui annonçaient Noël. Ils étaient de couleurs pâles, vertes, jaunes ou roses… On y trouvait assurément un petit Jésus et un sapin, sûrement un sabot et un père Noël en miniature… Il me paraît là nécessaire de préciser que mes sœurs avaient droit au même traitement que moi pour les friandises…

Saint-Nicolas c'était aussi l'évocation du père Fouettard et pour mon grand-père, la douloureuse association avec Marie Grouette ! Bien sûr que saint Nicolas m'avait gâté, car j'étais un bon gars, mais il ne me fallait pas oublier l'existence du père Fouettard toujours là, prêt à intervenir si c'était nécessaire… Quant à Marie Grouette, que je n'avais pourtant jamais croisée dans la cave à charbon, elle devait être bien présente, déterminée à m'accueillir en cas de besoin… Franchement, cette peur était bien agréable et finalement assez douce même si bien réelle, car les mots du grand-père étaient pleins d'amour pour l'enfant que j'étais…

Enfin, Saint-Nicolas c'était le début des merveilles. Il faisait froid en ce temps-là, est-il utile de le rappeler ? Il gelait et parfois nous avions quelques flocons… La ville allait bientôt s'illuminer… Nous passions devant la vitrine enchantée du marchand de jouets. Chez mon oncle et ma tante, on préparait le boudin blanc… À l'école, on faisait des guirlandes en papier crépon et on dessinait des pères Noël. Les vacances venues, nous irions voir *Le livre de la jungle* à l'Olympia... Papa et Maman allaient ressortir le sapin artificiel qu'on allait décorer en famille...

L'enfant de six ans n'imaginait pas alors qu'il réunirait un jour tous ses enfants autour de lui, avec Françoise, sa compagne, dans une belle famille recomposée, le jour de la Saint-Nicolas. Saint patron des éducateurs, et protecteur des enfants... Pour inventer à son tour des instants de vie qui donneront, plus tard, à parler dans la belle chaîne qui nous unit à travers l'espace et le temps...

HIVER

9. Je me souviens… De mon train électrique et de la SNCF…

Je suis fils, petit-fils et neveu de cheminots. Mon grand-père est mort au travail pour les chemins de fer français. Je ne me rappelle pas avoir entendu parler de lui ni même de l'avoir vu en photo, la douleur était sûrement trop grande… Il avait laissé une famille de neuf enfants. Je sais que Maman avait quatre ans. Je connaissais la maison où ses enfants habitaient, un pavillon de cheminot ; et plein d'histoires à leur sujet. Ils avaient appris à grandir sans père… Je connaissais bien aussi la gare de Saint-Quentin, mais rien le concernant… Je n'avais que trois grands-parents et c'était plutôt courant à cette époque, au sortir de cette guerre qui avait tellement touché notre région. Je m'étais alors inventé un grand-père, héros, comme les acteurs de *La bataille du rail*, et c'était bien comme ça… C'est naturellement que Maman et un bon nombre de mes oncles et tantes ont rejoint la Société Nationale…

Mais revenons à mon train électrique, qui assurément, n'était pas là pour rien. Il a fait rêver tous les garçons de mon âge, et leurs parents… N'est-ce pas le propre d'un jouet ? Je n'ai pu l'avoir qu'à Noël ; c'était un cadeau absolument exceptionnel. Sûrement très jeune, car je n'ai pas trace dans ma mémoire de cet évènement… Par contre, je me rappelle du cérémonial de l'ouverture de la boîte du train. Petit, je devais jouer avec Papa, car il y avait danger avec la source électrique !

Il s'agissait d'un train de marque Jouef. La boîte en carton représentait un réseau ferroviaire. Le couvercle soulevé laissait place à de nombreux espaces de rangement, pour le transfo, les rails courbés et droits qu'on devait emboîter difficilement dans un ovale parfait et, bien sûr les wagons et la loco à vapeur. J'avais de quoi faire un train de marchandises et un train de voyageurs qui allaient tourner sur mon ovale dans un sens ou un autre à vitesse variable. J'avais même un wagon de l'Orient-Express, sûrement un rêve de voyage de mes parents…

En ce temps, on prenait souvent le train, il n'y avait pas tant de voitures… Les politiques de planifications étaient écologistes avant l'heure, car on transportait la plupart des marchandises par le train du nord au sud et d'est en ouest. Les bestiaux, le charbon, le vin et la bière, les colis via la Sernam et sûrement les sapins de Noël… J'ai omis de dire que j'ai grandi à côté d'une gare et ce n'était pas difficile à l'époque, car il y en avait partout… J'aimais aller jouer sur les rails. Bien sûr, c'était interdit…

J'allais aux côtés de mon oncle qui me donnait la main, assister au démarrage du train à son coup de sifflet. J'adorais l'odeur des gares, faite de graisse à essieux, de papiers humides et de sandwichs fatigués. J'aimais les courants d'air, voir passer les wagonnets de bagages et de sacs postaux à toute vitesse en klaxonnant entre les voyageurs… Et puis j'avais compris qu'une gare était un de ces nouveaux lieux mythiques. On partait, on se quittait et on se retrouvait… J'en avais fait l'expérience, partir en train-couchette en vacances était un moment de vie inoubliable. Le bruit du train, son balancement, la photo en noir et blanc d'une destination improbable, la vilaine couverture qui gratte, le filet où ranger son magazine, le verrou en inox et le cendrier marqué SNCF… Avoir la surprise d'être tracté à la vapeur ou à l'électrique, la puissance des machines qui arrivent vers nous, n'était que fascination enfantine !

Le train électrique, c'était l'attraction numéro un des vitrines de Noël… Des réseaux complets, des feux qui s'allument au passage à niveau, un train qui sort du tunnel, un autre sur un pont, un village traversé et des aiguillages automatiques. Je savais bien que ces trains-là, c'était pour les fils de commerçants… C'était beau à regarder, mieux encore à inventer…

J'ai eu le bonheur de pouvoir passer des heures dans ma chambre à m'imaginer les westerns de John Ford avec mes soldats en plastique. Si on n'attaquait pas la diligence, on allait attaquer le train ou le faire dérailler. Plus tard, je découvrirai que Spielberg a fait la même chose que moi à une différence près… Il filmait ses aventures… Alors j'avais des cubes pour construire mes paysages, bâtir un pont et creuser un tunnel… Y installer des Indiens qui ne manqueraient pas, tout à l'heure de défendre leur territoire au passage du cheval-vapeur. À la maison, on n'était pas Legos ou Meccanos. Les Playmobils restaient à inventer et moi je m'inventais des histoires. On me laissait le temps, des heures durant à rêver en manipulant mon train, mes cubes et mes soldats. Plus tard avec le Noël du travail de Papa, j'aurai même un fort, après le goûter et la séance de Disney. *Cendrillon* peut-être ?

Dans quelques jours, des enfants connaîtront le bonheur de déballer leurs cadeaux, la magie de Noël… Je ne pense pas qu'il y aura beaucoup de trains électriques au pied du sapin… J'espère simplement que ce Noël leur apportera les jouets qui donnent le temps de rêver, de construire et de créer, peu importe qu'ils soient droïdes ou cowboys… De partager aussi un peu avec leurs parents. Nous avons tous de beaux voyages à écrire, quel que soit notre âge. Peut-être d'ailleurs celui d'un renouveau du train dans les années qui viennent ? Un train de marchandises et pas un camion sur les routes de Bretagne… Une nouvelle gare au cœur de Creil, et un billet congés payés qui fera les vacances moins chères ?

10. Je me souviens… Qu'ils avaient fait de la JOC !

Faire de la JOC, Jeunesse ouvrière chrétienne, le verbe a son importance. On n'est pas membre de la JOC, on fait de la JOC, car on est son essence même… Assez vite, j'ai appris qu'il y avait un langage et une culture JOC.

Mes parents se sont croisés à la JOC, mon parrain Bébert a fait de la JOC, sa compagne Anne-Marie a fait de la JOCF pour les jeunes femmes. On se reconnaît jociste par la révision de vie et son «voir, juger, agir», par sa doctrine : «entre eux, par eux et pour eux»…. On avait lu Maxence Van der Meersch et son *Pêcheurs d'hommes* et on savait qu'«un jeune travailleur vaut plus que tout l'or du monde». On avait croisé l'abbé Guérin, son fondateur et on était syndiqué très jeune…

Je suis né jociste comme on naît noir ou roux… Je m'appelle Jean et très tôt je sais pourquoi. Il s'agit de rendre hommage à JFK qui défend les droits civiques contre l'apartheid et à Jean XXIII qui défend la doctrine sociale de l'Église avec son Vatican II. Plus de messes en latin… Et l'invention des prêtres-ouvriers. À vrai dire, il y en a un que j'ai toujours trouvé plus glamour que l'autre… Et puis je n'étais pas le Jean-Baptiste du 21 juin comme tout le monde, celui des feux de l'été… J'étais l'apôtre, celui que Jésus aimait, celui de l'hiver… Je m'étais ajouté le John Wayne, celui de John Ford, le pauvre cowboy solitaire qui défend la veuve et l'orphelin, abandonne sa vie pour le Fort Alamo… Voilà comment on naît jociste.

Cette affaire, elle se joue par imprégnation... Dans le quotidien en quelque sorte... Être présent au travail, à sa famille, ce sont dans ces actes-là qu'on reconnaît les héros, me disait Papa. Il a demandé à partir en Algérie comme ses copains, mais il est rejeté par le médecin pour pacifisme avéré, futur démoralisateur de troupe...

Après la JOC, ils avaient l'ACO, Action catholique ouvrière pour continuer leur affaire. Ils étaient syndiqués à la CFDT qu'ils venaient de transformer en syndicat laïque. Les femmes qui travaillaient moins en ce temps-là étaient membres de l'APF, l'association populaire des familles, elles défendaient les locataires et les consommateurs. Elles adhéraient à la FCPE, association de parents d'élèves pour soutenir l'école publique et laïque... Car à la maison on rencontrait des chrétiens ardents défenseurs de la laïcité, des communistes qui communiaient tous les dimanches à la messe et qui étaient hautement respectés par leurs camarades. Avec les ligueurs agnostiques de la fédération des œuvres laïques, ils feront les troupes du programme commun d'union de la gauche...

Les révisions de vie se faisaient au foyer, chez nous ou bien dans la maison d'un des membres. Ils parlaient de leurs engagements et tentaient de reconnaître le message du Xrist à travers leur quotidien. Ils priaient et communiaient. La messe était dite à la maison, notre pain et notre vin étaient consacrés sur la table de notre salle à manger. C'était des copains et je voyais en eux les premiers chrétiens de Rome entrevus dans *Quo Vadis*... J'aimais laisser la porte ouverte de ma chambre le soir pour entendre tout ce qui se disait, j'aimais les accompagner d'autres soirs chez les copains. Je ne perdais pas une miette de ce pain-là et je n'avais pas eu besoin qu'on m'explique longtemps l'étymologie du mot copain... C'est avec cet esprit-là, celui de la théologie de la Libération, qu'aujourd'hui l'Amérique latine est libre de toute dictature...

C'est ainsi que j'ai grandi « table ouverte », pas seulement parce que c'est la culture du Nord, mais aussi parce que j'étais membre d'une famille de premiers chrétiens. Alors on avait souvent Arsène à table. Il était le curé de la paroisse. Papa qui connaissait bien le mouvement de sécurité sociale l'a aidé à construire une couverture sociale qui n'existait pas en ce temps-là pour les prêtres... Quand leur projet a abouti, Papa a reçu des aumôniers de France une histoire du socialisme magnifique... J'ai été témoin de combien de visites pour mettre en œuvre une action, boire un café et griller une cigarette ? Il y en a eu !!! Mado, Marie-Jo et Lucien, Jacqueline... On apprenait ensemble. Grâce à Marlène, Maman fait le meilleur couscous du monde. Je me rappelle que l'Évêque et le Sous-Préfet sont venus manger ce couscous à la maison pour comprendre autrement les espaces dans lesquels nous vivions... Ils étaient en quelque sorte chez des espèces de « hors-la-loi »...

Je parle d'une époque qui peut paraître lunaire, mais qui fût bien réelle. Yves Montand, Simone Signoret et Guy Bedos venaient aider nos parents à défendre Youssef, le frère de mon copain Shérif qui avait été le coupable idéal en tant qu'Arabe de service à l'occasion d'une rixe. Le syndicat de la magistrature était naissant... Jean-Pierre Chevènement ou Michel Rocard tenaient meeting dans la salle communale sous le cinéma Palace, ils mangeaient à table à nos côtés et dormaient chez l'un d'entre nous... On disait « tu » à nos futurs ministres... Au fil du temps, nos jeunes travailleurs deviennent maire adjointe comme Maman, conseillers généraux et même parfois députés... Ils se partagent les conquêtes avec les instituteurs et les professeurs de la Ligue de l'enseignement. Le peuple qui les connaît bien se reconnaît en eux. On défend de grandes luttes. Il y a prescription et je peux dire que je me souviens de Michel qui avait fait de tous nos parents des acheteurs et revendeurs de montres LIP pour financer le combat des camarades de l'Est de la France... Certains d'entre eux avaient participé à accueillir chez eux, des femmes, pour la pratique de l'IVG, encadrée par des médecins militants, avant le vote de la loi... Peu à peu, la cave devint le local du Parti socialiste. Ça sent la peinture, la colle fraîche et l'imprimerie. François faisait « tomber du camion » des pots de peinture qui servaient à marquer la ville de nos engagements. Papa était devenu directeur d'une caisse primaire le jour, et tagueur occasionnel les nuits de campagne… Ado, je suis allé coller des affiches. Les équipes adverses de collage se couraient les unes après les autres en jouant à se faire peur, la nuit. On en mettait partout… Et on rigolait bien ! Je connaissais toutes les rues du quartier… J'aidais Papa à distribuer les tracts dans les boîtes aux lettres, je n'aimais pas les chiens dans ce nouveau métier de facteur. Papa faisait la gare, Maman la sortie des usines et des lycées, elle avait de la gueule et était respectée pour ça… Imprégnation, je disais… Moi, je me rendais au collège…

Je pense que mes parents n'ont pas été malheureux de voir plus tard leur fils devenir directeur d'école, maire adjoint d'une grande ville, directeur de la fédération des œuvres laïques… J'avais été à bonne école et finalement je n'avais que le mérite de l'engagement puisque j'étais tombé dedans petit…

Je ne suis pas souvent allé à la messe le dimanche, parfois avec mes grands-parents. Je ne connais aucune prière par cœur et le seul dieu que je reconnaisse est celui de l'Amour qui unit tous les hommes. Aujourd'hui, c'est Noël, je pense à cette chaîne qui unit toutes les personnes de bonne volonté. Ils ont passé le témoin, c'est la clé de toute société, savoir d'où on vient pour inventer un futur meilleur à l'Homme. Alors, je dis une prière universelle à tous ceux qui m'ont accompagné et aidé à me construire. Les simples d'abord, les repères ensuite… Martin Luther King, Nelson Mandela, le Dalaï-lama et Gandhi pour la lutte dans la paix, Gorbatchev pour avoir évité un bain de sang, Yitzhak Rabin ou Anouar el-Sadate pour leur courage sans limites, enfin Willy Brandt pour avoir su s'agenouiller… Au-delà des religions, ils ont aimé « l'Homme, qui vaut plus que tout l'or du monde »…

11. Je me souviens… De la pièce de cinq francs en argent… Et d'un monde inversé…

Après Noël, il y avait la « bonne année ». Je n'ai aucun souvenir de grandes fêtes débridées. On dînait un peu plus tard, c'était le deuxième réveillon. Il pouvait y avoir des huîtres. Un vrai cérémonial que leur ouverture, le vieux torchon pour éviter de se couper, le couteau qui ne sert que ce jour-là et qu'on amène en vacances à la mer l'été. Sûrement une volaille après deux entrées, une galantine peut-être ? Un vinyle qu'on appelait 33 tours, sur le tourne-disque, peut-être des chants de Noël ? Les grands-parents devaient en être. La dernière bûche de l'année après le fromage. Elle ne pouvait être que pâtissière, car les congélateurs n'existaient pas encore dans les familles. Vers minuit, on sentait un peu d'agitation, il s'agissait de se dire « bonne année et bonne santé » en criant un peu fort et de s'embrasser à l'heure dite. Et puis nous allions nous coucher, fiers d'avoir été autorisés d'aller au lit au-delà de huit heures et demie comme le prévoyait le code familial en période scolaire.

Le lendemain, on se levait plus tard et nous étions heureux de savoir qu'on allait se rendre chez Papy et Mamie… Une autre tranche de vie nous attendait, celle des étrennes. On arrivait assez tôt pour l'apéritif. Mamie avait sorti la vaisselle du mariage et la table était belle. On y retrouvait peut-être mon oncle René, ma tante Annette et ma cousine Estelle. Le sapin était encore là et bientôt les Rois Mages rejoindraient la crèche. Nous les avions mis de côté avant Noël alors que j'aidais ma grand-mère à préparer la maison pour les fêtes. C'est à cet instant que nous recevions une pièce de cinq francs comme on nous offrait un diamant. Cette pièce-là doit avoir une valeur particulière chez les numismates, car elle était plus blanche que les autres, c'était une pièce en argent. On allait devoir la mettre dans notre tirelire qui avait la forme d'un écureuil et la conserver une éternité... C'est celle-ci qu'on posait entre la paume de la main et la poignée de la poêle pour faire sauter les crêpes à la Chandeleur... En janvier, on portait son carnet de caisse d'épargne au bureau, pour voir s'inscrire les intérêts et devenir plus riche. Cette caisse nous avait ouvert un livret à la naissance, elle est encore ma banque. Il me semble qu'elle a dû oublier qu'elle était animée d'un magnifique projet social... Reloger les Français... Papa nous avait appris à tenir nos comptes en grandissant, comme on lui avait appris à la JOC. Ma pièce, elle, resterait dans ma tirelire jusqu'au passage à l'euro ! Elle constituera mon seul bas de laine...

L'époque était à l'épargne. Mes grands-parents avaient connu trois guerres, en avaient vécu deux, leurs familles en étaient sorties dévastées, ils avaient vu bien des maisons détruites. Mon grand-père, enfant, avait été abandonné un instant aux Allemands tant la peur des parents avait été grande dans leur empressement à se sauver... Ma grand-mère était devenue fille de ferme, sa famille décimée par la grippe espagnole. Mon grand-père a pris sur le tard des cours du soir pour apprendre un métier. L'école faisait sens. Ils nous projetaient dans le progrès social. Ils n'avaient jamais été propriétaires, mais ils épargnaient... Ce qu'ils pouvaient. Les enfants aidaient leurs parents une fois la retraite venue... Quand j'allais à la coop faire les courses de ma grand-mère, elle me rappelait chaque fois de ne pas oublier les timbres qu'elle collectait précieusement en vue de s'offrir un appareil ménager le moment venu... Monde inversé, je disais... Je suis devenu fonctionnaire et propriétaire, mais je n'ai jamais eu un sou de côté et j'ai plutôt appris à vivre avec le découvert bancaire, riche de mes trois enfants et de mon salaire d'instituteur, comme la plupart de mes collègues. Non pas que je sois malheureux, ce n'est pas le cas, mais quand j'ai eu des coups durs, ce sont mes parents, à la retraite, qui m'ont aidé. Et je crois bien que, s'il n'y avait pas cette solidarité familiale en ces temps de chômage de masse, le pays aurait craqué depuis bien longtemps. Je soupçonne les politiques de tous bords d'avoir compris cela depuis un bon moment…

C'est cette solidarité familiale que nous vivions à la « bonne année ». Le repas durait un peu moins de trois heures cette fois-là. Nous avions regardé les valses de Vienne en famille et en eurovision. Il fallait maintenant aller souhaiter la « bonne année » à la famille.

Nous commencions par Mémé Lulu qui était veuve et vivait recluse à l'étage, dans un appartement de deux pièces. Je comprenais qu'elle se lavait dans ce lieu qui lui servait aussi de cuisine et de salle à manger. Pour aller aux cabinets, il y avait la cour et une cabane avec un trou. J'apprendrais plus tard qu'on appelait ça des toilettes à la turque… J'y retrouvais probablement des cousins. On se rendait ensuite à Gauchy, pour saluer trois familles qui peuplaient la cité des cheminots. Puis, on retournait à Saint-Quentin voir d'autres oncles et tantes. Ma tante Renée ne serait pas là, elle qui était ouvreuse au cinéma l'Olympia. On filait à la boucherie de mon oncle Michel et de ma tante Christiane, on rentrerait assurément avec un saucisson. Plus tard, on se rendrait à Aulnoye dans le bar de mon oncle Lucien qui était tenu en journée par ma tante… Je pense que Papa devait avoir un peu mal à la tête à l'issue cette tournée, à laquelle on ne servait pas que du café… Pour nous, enfants, cette journée passée à table nous avait éreintés et nous étions heureux d'allumer la télé en rentrant pour nous évader… Dans la semaine, on écrirait sur une belle carte aux plus éloignés de la famille. On remplacerait le calendrier de la poste. Je retournerai à l'école plein de bons souvenirs, je transmettrai une carte à l'intention de ma maîtresse rédigée par mes parents et je lui souhaiterai à mon tour une bonne année. Je suis riche de ces civilités qui toute ma vie ont nourri le vivre ensemble… Bonne année !

12. Je me souviens avoir eu peur
    sur le chemin de l'école.

Comme toutes les mères, ma mère a dû apprendre à ne plus m'accompagner à l'école. J'habitais encore rue Alphonse Daudet à Saint-Quentin. On m'avait appris à traverser la voie de chemin de fer et les deux routes qui me menaient à mon CP. J'avais le droit d'être grand. C'était bon de regarder la ville, rue de Paris, de voir bourgeonner les arbres au printemps en me rendant en classe. Je n'avais pas prévu alors le déménagement pour Montataire…

Nous nous sommes installés à Montataire, à cheval entre la vallée de l'Oise et la vallée du Thérain. Papa avait été promu… Nous arrivons dans le quartier des Martinets, quartier HLM à la renommée locale particulière pour sa grande misère sociale, situé sur un plateau de craie comme les villes qui longent le bassin fluvial de la Seine. Je découvrais un monde que je ne connaissais pas et il faudra pas mal de courage au jeune garçon que j'étais pour m'y faire une place… Nous arrivions début septembre, au sortir des vacances d'été, il fallait tout apprendre très vite… On m'avait inscrit dans la nouvelle école, Edmond Léveillé. J'allais intégrer une école de garçons alors que je n'avais connu que la mixité, j'y reviendrai pour d'autres souvenirs…

Maman m'avait appris ce nouveau chemin. Ma sœur Pascale, toujours à la maternelle, ne se rendrait pas à la même école.

Elle et Maman emprunteraient une autre route… Le cordon était bel et bien coupé.

Il fallait descendre la ville de haut en bas. Un kilomètre. Comme moi, vous êtes repassés par les chemins et les maisons de votre enfance et tout ce qui vous paraissait alors immense vous parait désormais d'une taille raisonnable, disons, d'adulte… Mon kilomètre était à cet instant de ma vie, comme un Compostelle. Avec Maman j'avais appris à traverser cette route tout en haut de la grande côte qui était très roulante et sans passage protégé. Les véhicules étaient bloqués au sommet de la montée par un stop qui servait ainsi aux piétons. Si Maman m'avait indiqué de prendre le trottoir de l'avenue Anatole France pour rejoindre la cavée d'Angy ; avec mes copains, nous traversions un petit bois par une pente assez casse-cou, surtout les jours de pluie. Alors, je vous laisse imaginer le bonheur de la traversée de ce bois, peu éclairé les matins d'hiver… Nous gagnions une bonne minute et une bonne trouille pour rejoindre la fameuse cavée. Elle nous conduirait à la sente des écoles qui traverse des jardins grillagés de maisons de ville dans une pente vertigineuse pour enfin, longer le mur du préau de notre école…

J'ai envie de m'arrêter sur la peur quelques instants, histoire de régaler ma psy… Enfant comme adulte, il y a toutes sortes de peurs qu'on apprend à domestiquer. Elles nous protègent quand elles ne nous paralysent pas… Bien sûr, il y a la trouille ou les chocottes, les miches aussi… On peut trouver du bonheur à se raconter des histoires à dormir debout entre cousins… On a peur du noir, de la porte de la chambre fermée, de se retrouver seul à la maison, de dormir et de ne pas se réveiller… Chacun pourra ajouter ses trouilles et ses peurs, celle d'être appelé par le maître alors qu'on ne connaît pas bien sa leçon, par exemple. Celle de ramener son carnet mensuel aux parents, la peur du martinet, de regarder un crapaud dans un bocal de formol… C'est sans limites en quantité et en degré. Et puis, il y a la grande peur, celle où tout ce que vous entreprenez vous échappe, le grand abandon, c'est de cette expérience dont j'ai envie de vous parler ! Est-il nécessaire de préciser que si je n'aime pas le grand huit, je n'ai jamais eu peur du vide…

Vous connaissez désormais mon chemin pour me rendre à l'école. Alors maintenant je vous invite à vous transporter un matin d'hiver, le brouillard est épais en Picardie en cette saison et il favorise par grand froid, la formation de formidables plaques de verglas… Sans savoir pourquoi, la mémoire me fait défaut ; je réussis à rejoindre comme je peux la sente des écoles… C'est à cet instant que je vais me lancer dans un grand moment de solitude. Ça glisse, ça glisse bien… Je tombe et je glisse. Par miracle, je m'accroche au grillage d'un jardin. Je ne connais pas la pratique du ski, encore moins celle du patinage en pente… Première idée, je dois aller à l'école, deuxième idée, je ne peux pas m'y rendre par ce chemin. Premier conflit. Je vais arriver en retard, je ne peux pas rester là, je ne connais pas d'autres chemins... Je décide de remonter… Ensuite on verra bien… Sortir du piège ! Le problème c'est que mes bras accrochés au grillage n'ont pas la force de remonter mes pieds qui patinent désespérément… Nouveau moment de grande solitude ! L'heure tourne, il faudra gérer l'autorité du maître, la fougue du directeur. Enseignant plus tard je garderai ce souvenir tellement cuisant que je ne gronderai jamais un élève en retard… Je ne peux donc pas revenir en arrière, il faut regarder en bas, il y a la route qui traverse la sente des écoles. Je mesure la vitesse que je vais prendre si je glisse jusqu'en bas. Rien pour m'arrêter… Je me suis relevé, je vais descendre avec mes mains accrochées au grillage ? J'avance, je tombe, une fois, deux fois, trois fois… Je décide alors de condamner mon pantalon et d'avoir froid aux fesses. Les fesses sur le verglas. Le cartable est trempé par mes chutes successives. Je viens d'entendre la cloche de l'école sonner, ils vont entrer en classe et je suis désespérément seul. Personne dans les jardins pour me porter secours… Il me reste une nouvelle partie à descendre, le chemin sans grillage… Le mur de l'école, du terrain de sport, et du préau, enfin celui d'une classe, disons cent mètres à faire avant de retrouver la rue Jacques Duclos, rue de notre école, et de filer le plus vite possible en classe. Qu'elles furent longues ces secondes où j'allais offrir mes fesses et le reste au destin ! J'allais me cramponner au mur à m'y arracher les doigts, mais je tomberais sur le dos et je filerais tel Killy au beau milieu de la rue Jacques Duclos. J'avais déjà fait l'expérience de nombreuses chutes, je souffrais et je ne savais pas ce que j'allais rencontrer sur mon passage. C'est allé très vite ensuite… Un pas et puis la grande glissade… Je n'ai pas croisé de voiture dans la rue. Ce fut un miracle. J'avais mal, je saignais, signe que j'avais plus mal encore, mais je pus me relever… Je pris un temps de larmes dans la résignation de retrouver mon maître. Je traversais alors la cour de l'école vide de vie, ce qui fut une nouvelle épreuve avant de frapper à la porte de la classe. Si le maître me gronda, je crois bien qu'il s'agissait plus pour lui d'asseoir une autorité de principe devant mes camarades que de me tancer pour mon retard qui ne fut suivi d'aucune sanction. Ultime humiliation, il fallut mettre à sécher mes cahiers et mes livres près du radiateur. Ils avaient peu goûté, eux non plus, cette matinée de verglas.

Je n'ai pas retenu grand-chose en classe ce matin-là… J'avais appris la vraie peur, celle où on se sent vraiment seul… Une belle tranche de vie… J'étais devenu le Pagliaccio de la Commedia dell'arte, Charlot dans *La ruée vers l'or*, tous ceux qui nous font tellement rire quand ils se cassent la margoulette et que rien ne les arrête. J'apprenais en même temps la peur et le ridicule… Il me restait à apprendre à rire de la misère de ces instants…

L'année suivante, notre maire inaugurait une école flambant neuve, mixte, laïque, publique et obligatoire dans les hauts de la ville et j'allais l'intégrer. Peut-être connaissait-il bien la sente des écoles ?

Par la suite, je suis repassé à la croisée de la rue Jacques Duclos et de la sente des écoles. Une barrière métallique y était installée. Sûrement l'initiative d'un malin qui l'avait descendu comme moi un peu trop vite…

Aujourd'hui, nos élus et nos inspecteurs d'Académie sont plus souvent à la tâche pour des fermetures d'école que pour l'ouverture de classes. Ont-ils, eux aussi, eu ce bonheur de se rendre en classe par la sente des écoles un jour de verglas, histoire de prendre les bonnes décisions ?

13. Je me souviens qu'ils savaient raconter leur légende, mais aussi taire tant de souffrances…

Il est des instants où les adultes se mettent à parler aux enfants. Enfant, on a trouvé interminables les repas de famille. On y évoquait de vieux souvenirs qui pouvaient éclairer le présent. Parfois, si on était en fête, les anciens chantaient, *Les roses blanches* ou *Du gris*. Un regard d'aujourd'hui dirait crûment de ces chants que « ça sentait la mort et les luttes à tous les étages ! » Pensez à Edith Piaf, on s'identifiait à elle, ses blessures, sa voix, sa vie. Elle a toujours porté le deuil ! Elle racontait des histoires, mais emplissait nos cœurs de ses silences…

Ma grand-mère me parlait quand nous étions dans la cuisine, à éplucher des légumes, à préparer une sauce. J'aimais ça. Alors j'apprenais les bonnes manières qu'elle me transmettait, simplement afférée à la cuisson d'un de nos plats préférés. Elle me racontait son enfance, orpheline, élevée par des fermiers, dans la grande pauvreté. Elle était allée à l'école et elle en avait gardé une belle écriture. Elle reçut un prix qu'elle me légua *Un poilu de la forêt d'Argonne* ainsi que son livre *Guide pratique de la ménagère, 1800 recettes avec la manière d'accommoder les restes*. Elle ne se trompait pas dans ses cadeaux, l'histoire et la cuisine nous unissaient. Elle était sourde et devait souvent régler son appareil pour entendre mes questions. Par de longs après-midi d'hiver, le Monopoly ou le jeu de l'oie rangés, elle sortait sa boîte en fer pour me montrer de rares photos en noir et blanc de la famille, le menu de son mariage, quelques cheveux liés entre eux par un ruban. Dans la chambre, il y avait, encadrée, la photo de ses parents qu'elle n'avait presque pas connus, emportés par la grippe espagnole, amenée par les soldats canadiens dans leurs bagages pour soutenir le Pays dans les tranchées... Ensemble, on a peu évoqué la guerre. Les privations bien sûr, la peur des bombardements. Je sentais bien de longs silences. Elle était jeune mariée, on lui avait broyé son enfance, on la privait d'une jeunesse de paix...

Mon grand-père, lui, a connu l'orphelinat. Il en parlait sans gêne. Ils élèveront, avec ma grand-mère, un grand nombre d'enfants de la DASS, comme on disait à l'époque. Ils avaient là quelque chose à régler avec leur propre vie... Il m'avait aussi raconté sa Première Guerre mondiale, et dans l'Aisne, ils en avaient vu défiler de la misère... Avec lui, nous parlions durant les longs périples qui nous conduisaient en voiture dans les fermes de Thiérache. On allait jusqu'à Trélon retrouver sa sœur qui ne causait que le picard. C'était un cordon bleu devant sa cuisinière Godin ! Son mari était souffleur de verre. Entre la fabrication des bouteilles de champagne qu'il enchaînait à l'usine, c'était un artiste exceptionnel qui donnait vie à des sulfures pendant les pauses, pour arrondir ses fins de mois d'ouvrier. Chez mes grands-parents, c'était comme chez Colette, on collectionnait les boules presse-papiers !

Mon grand-père adorait les voitures. Je me souviens de sa R8 qui me faisait penser aux bolides du Rallye de Monte-Carlo... Il me parlait de son service militaire dans l'aviation. Nous aimions aller ensemble voir les avions décoller sur le petit aérodrome de Roupy. Il parlait aussi volontiers de l'Exode, à fuir avec son régiment ; de ces instants passés à Cahors au moment de la reddition, qui lui avaient laissé une certaine fidélité pour ce vin-là... J'avais saisi qu'il avait fait du marché noir, du système D, pas celui des profiteurs, un peu comme dans *La traversée de Paris* pour arranger ses voisins et pouvoir manger juste mieux que d'ordinaire. Franchement, rien de honteux ! J'avais compris aussi qu'il avait d'abord soutenu l'Armistice de Pétain, comme la plupart des Français puis qu'il avait basculé sur la fin pour porter un brassard FFI, qui est conservé précieusement dans la famille. Il ne fut pas un héros, mais simplement un Français qui tenta de survivre à cette Seconde Guerre… Il avait appris seul la pharmacie, et devint préparateur. Il était fier de ça et il pouvait l'être. Il avait gardé de ces années de conflits, l'habitude de s'arranger avec la loi et il a dû pas mal échanger le pastis qu'il fabriquait à la cave contre un bon poulet fermier, un sac de pommes de terre et un cageot d'endives que nous ramenions de nos sorties dans les fermes du coin.

Il y avait eu le remariage de son père et on allait visiter ma tante Renée, sa sœur en première noce. J'avais du mal à me retrouver dans ces histoires de famille. On devait reconstituer des clans avec les soubresauts de la vie. Mes grands-parents ont eu trois garçons, puis plus tardivement une fille. L'aîné de la fratrie a été élevé chez des fermiers, c'est le seul qui pourra poursuivre des études. Les autres enfants, très tôt, devront aller au travail… Ce sont les années grises d'après-guerre dont on ne parle pas. Dans le nord de la France, il n'y a pas assez de logements et mes parents cultiveront pour l'abbé Pierre comme une sorte de vénération ! Les silences sont lourds, mais je ne les juge pas. Le confessionnal des églises ne devait guère les soulager de tant de souffrances… On n'allait pas chez le psy en ces temps-là ! L'alcool jouait les antidépresseurs et faisait des ravages dans les familles…

On parle d'une époque où la pilule n'existe pas. Combien d'enfants et de femmes ont passé dans ces années-là parce qu'on ne les protégeait pas ? Ces silences, ces déchirements, le poids de l'Église et de la morale ont dû tellement les meurtrir. Ils ont aimé, mais s'ils pouvaient se marier, ils ne pouvaient pas divorcer ! Toutes ces amours contrariées, ces vies chahutées par les crises ! Alors on envoyait les gosses faire les enfants de chœur à l'église... Ils ont dû faire avec les deuils, les blessures physiques ou affectives, mener une existence digne qu'ils m'ont transmise en héritage et qui m'a vu grandir, riche de leurs parcours.

On portait facilement le noir et le gris. Au plus profond de ma mémoire, je revois des infirmes qui se promènent dans les rues dans de drôles de fauteuils. On allait souvent au cimetière. L'omniprésence de l'Église et la culture du deuil sont assurément un héritage de 14-18, comme les monuments aux morts. Papa ne m'avait pas encore appris comme Jean Cocteau que « le vrai tombeau des morts c'est le cœur des vivants ». Sur la tombe de mes grands-parents maternels, je retrouvais une famille dans sa douleur, un père disparu bien trop tôt, mais aussi deux enfants morts en bas âge... On ne parlait pas de ça à la maison. Le chagrin était trop lourd à porter. Les temps ont bien changé...

Si mon père, pacifiste, est interdit de Guerre d'Algérie, mes oncles, mon parrain, les pères de mes copains l'ont faite. Ils étaient chrétiens ou communistes et n'avaient pas trouvé la possibilité de dire non à une société qui ne comprenait plus rien à ce qu'il lui était donné de vivre... On devait subir l'épreuve comme les copains... Nous enfants, ils sauront nous épargner tout le lot d'horreurs qu'ils ont eues à voir et à endurer, qu'elles viennent des deux camps... C'est bien que mon oncle Christian continue à animer le groupe des anciens combattants. Ils vont vivre avec ça toute leur vie, dans le silence, dans une nécessaire reconstruction bricolée avec courage et dignité. De cette force-là, je suis rempli aussi, car plus rien n'a été passé sous silence. Camus nous aide encore à la réconciliation. Je viens de naître, Jacques Demy et Michel Legrand écrivent *Les parapluies de Cherbourg*...

De ces douleurs, de ces vies, de ces silences et de ces partages va bientôt se bâtir un Nouveau Monde. On va croire en l'Amour et en la Paix, on va faire sauter bien des tabous, libérer les femmes et les hommes dans leurs corps et dans leurs âmes, l'espace d'une décennie créative, celle de mon enfance.

14. Je me souviens du ballon rond et des stades.

S'il y a une chose pour laquelle je ne me sens pas nordiste, c'est la forme du ballon… C'est comme ça… Comme dit la chanson « Être né quelque part, pour celui qui est né, c'est toujours un hasard ».

Si j'ai toujours préféré l'ovale, c'est le rond qui me vit grandir…

Au plus loin de ma mémoire, il y a Papa qui part jouer… Il était avant-centre ou inter, en clair, il court, il passe et il marque. Je me souviens de son sac, qu'il nouait avec une ficelle et qu'il portait à l'épaule. Il jouait en « corpo » et il était bon… Son maillot était beau, peut-être bleu et noir, fait de lignes verticales. Je vous invite tous à revoir ces maillots sans publicité à l'époque, coupés dans un coton épais, aux formes et dessins magnifiques. Je me souviens des images dans la presse, des photos d'équipe.

Alors quand on sortait, il y avait un ballon rond qui nous accompagnait… Plus tard, je me souviens de l'admiration de mes cousins quand j'aurai en cadeau un vrai ballon de cuir qu'il fallait graisser pour qu'il ne s'altère pas. Un ballon de cuir, ce n'était que pour l'herbe, c'était un ballon de grand et il sentait fort ! J'ai en tête de vieilles photographies aux couleurs passées qui me montrent, poussant le ballon alors que j'étais haut comme trois pommes…

En ce temps-là, la France allait devenir sportive... Nous ne gagnions pas souvent et l'esprit cocardier ne trouvait pas beaucoup d'occasions d'exulter... Et puis la télé arrivait doucement dans les foyers... Je me souviens tout de même du héros de Papa... Raymond Kopa. S'il était polonais d'origine, il était d'abord un gars du Nord, catholique comme lui. Et puis que n'ai-je pas entendu dire de la coupe du Monde en Suède, celle de 58, comme on disait alors, où la France a tant brillé avec Just Fontaine et Raymond Kopa ! Elle ne coincera que face au magique Brésil de l'incontestable roi Pelé. Mon père n'était pas peiné de ça, car il adulait ce roi-là, tiers-mondiste qu'il était...

Mais le ballon rond fut très vite pour moi le bonheur de la fréquentation des stades le dimanche après-midi. Nous fûmes d'abord supporters de l'Olympique Saint-Quentinois avant de devenir supporters de l'AS Creil du fait de la mutation. Papa est désormais supporter des merlus de Lorient... Dans la famille on supporte comme on déménage... Ces trois équipes-là s'affrontaient d'ailleurs parfois dans le même championnat en deuxième ou troisième division. Elles connaîtront, avec le temps et les crises économiques, des fortunes diverses... Alors, on jouait le dimanche... Il n'y avait pas d'abonnements et on faisait la queue pour acheter sa place, « pelouse, tribune, nord, sud, virage... » Il n'y avait ni grillage ni fosse autour du terrain et pourtant la ferveur était forte chez les supporters !

J'aimais cette convocation de quinze heures après le bon repas du dimanche accompagné de la tarte que Maman avait préparé. Papa sortait un cigare qu'on avait fait passer par la frontière belge et on se rendait au stade vélodrome dans l'odeur du havane... Je crois que je préférais le stade en hiver, car le froid exhalait plus fortement les parfums. D'abord, j'aimais voir respirer la foule par ses petits nuages de vapeur qui sortaient des nez qui coulaient... La pelouse et la terre sentaient fort, comme la friture et la bière dans les tribunes. On encourageait, on criait autour de moi. On pouvait dire à l'arbitre ce qu'on ne disait pas à son patron, m'expliquait alors mon père qui comprenait souvent ses voisins de stade, mais les trouvait peu fairplay... J'ai pu ainsi enrichir mon vocabulaire d'enfant en faisant parfois appel à lui pour la traduction... À la mi-temps, Papa nous offrait des cacahuètes, ça aidait le club. On frappait dans nos moufles en marchant derrière la tribune pour se réchauffer. Pour certains matchs, le public chantait à l'unisson « allez les jaunes et bleus ! » La rumeur du stade se faisait entendre en même temps que la tribune se levait comme un seul homme à l'occasion d'une passe de l'ailier à son avant-centre... Dans le Nord, les équipes se ressemblaient par le jeu rude qu'elles pratiquaient. C'est sûrement pour ça que j'aime encore regarder à l'occasion un match du championnat anglais... Doucement, je devenais spécialiste. J'appréciais les relances du libero. J'adorais voir, souvent un inter polonais, courir et ramasser les ballons dans les pieds des adversaires, l'ailier algérien dribbler comme personne. Le club, à l'occasion, trouvait un boulot à un avant-centre sénégalais qui enchantait les supporters pour le nombre de buts qu'il marquait, la finesse de son jeu et le nombre de points engrangés au championnat... À la télé, j'adorais les Hollandais... S'il n'y avait pas eu ces Allemands pour leur barrer la route...

Les jours de derby, tout s'exacerbait et il fallait crier encore plus fort... Question d'honneur ! Et puis il y avait la coupe... On tenait une mi-temps, voire un peu plus à rêver de faire tomber l'ogre pro... On allait en causer le lendemain en classe avec les copains... Ça nous avait occupé l'esprit durant la semaine.

Curieusement, je n'ai pas pratiqué le foot en club, mais plus avec les copains ou à l'école. Question de mentalité... Je garde pourtant de merveilleux souvenirs d'union familiale et populaire. En grandissant, je vibrerai comme toute la France pour l'épopée des verts. Dominique Rocheteau était un grand joueur qui partageait nos engagements pour un monde meilleur… Ce club ouvrier, comme les sangs et ors de Lens, savait renverser des montagnes, car cette équipe avait la foi en plus du jeu… Après les poteaux carrés (il faut être malchanceux pour devenir des héros définitifs), il y aura les matchs au parc des Princes où je verrai les bleus de Platini nous qualifier pour de merveilleuses aventures. Plus tard, à 18 ans, « mono » en colo, je suivrai à la radio la tragédie de Séville… Pour moi qui ai grandi dans les quartiers populaires, je peux dire que nos pères avec leur amour du ballon rond ont permis d'unir notre Pays, fait de tant de nuances et de couleurs. Merci à eux de nous avoir conduits au stade le dimanche…

15. Je me souviens... De la classe de neige et d'une école autrement.

J'entrais en CM2, nous allions déménager. Mes parents devenaient propriétaires d'un pavillon qui ressemblait à un cube avec un toit par-dessus. Chacun aurait sa chambre, nous aurions un jardin. Je coucherais en bas avec le chien pour garder la maison alors que le reste de la famille dormirait à l'étage. Nous avions comme horizon un château d'eau, les jardins des voisins et le cimetière. C'était les trente glorieuses, un magnifique progrès social ! Nous quittions les HLM et le bruit de la chasse d'eau d'à côté... Nos parents gagnaient à s'endetter avec une inflation galopante et un mouvement syndical encore puissant après 68. Je changeais de nouveau d'établissement, pas de ville. Et cette année-là, à l'école Jean Jaurès, c'était la classe de neige !

La classe de Melle Burlat... Melle Burlat restera, pour ma mémoire d'enfant, la maîtresse dont rêve chaque élève. Même l'élève le plus cancre garde souvenir d'un bon maître dans sa vie... Je sais que je lui dois beaucoup de ce que je suis devenu. Cet après 68, ça fait que les méthodes changent... En plus d'apprendre à diviser, on va faire des maths modernes. Étrangement, ça m'amuse et je ne vois rien de mathématique dans ces histoires d'ensembles... Pour l'enseignement des lettres, on est moins moderne avec la sacro-sainte dictée, mais on nous permet d'écrire... Et ça j'aime bien... Sauf à retrouver toutes les fautes d'orthographe que je commets avec une certaine constance... On lit beaucoup. Des romans ! Enfin, il y a des responsabilités à tour de rôle et même un conseil de classe. On aime effacer le tableau, nourrir le poisson rouge, et comme on est en CM2, aller sonner la cloche de la récré ! On a aussi le droit de dire ce qu'on veut apprendre ! C'est ainsi que nous avons invité nos parents tous les samedis matin à nous parler de leur métier... Elle était révolutionnaire, ça me plaisait et elle jouait de la guitare...

C'est avec elle que nous sommes partis en classe de neige... Ça, c'est un truc exceptionnel qui devrait être au programme scolaire de chaque élève. J'ai grandi dans une ville communiste, vous le savez ? Les édiles de Montataire avaient une certaine idée de l'éducation et il s'agissait que chacun puisse partir à la neige en fonction de ses moyens. À cette époque, on faisait payer pas mal d'impôts aux usines qui éreintaient les travailleurs. L'impôt, c'était justice et redistribution des inégalités. Chaque mois, on amenait notre obole pour régler une somme dérisoire en vue de notre voyage de trois semaines !!! Et puis la classe de neige était dans nos têtes dès la rentrée, en sport, on travaillait les équilibres. On allait voir l'infirmière, avant le départ et à notre retour, on était pesé ! On restait encore hygiéniste et les vallées des Alpes n'étaient pas les régions les plus polluées de France qu'elles sont devenues. Pour nos représentants municipaux, travailleurs, syndicalistes des forges, laisser partir les gamins à la neige, c'était atteindre le Graal... Un après-midi, les personnels de la Ville sont venus avec une camionnette d'anoraks, de fuseaux et d'après-skis. Ça ne devait rien coûter aux familles.

Et puis la maîtresse nous faisait lire *L'appel de la forêt* de London et *Premier de cordée* de Frison-Roche... J'ai rouvert Frison-Roche ; quel gosse de CM2 pourrait le lire de nos jours ?

Enfin, les parents étaient réunis à nos côtés un soir, pour voir des diapositives [3] du centre et être rassurés. On distribuait le trousseau. Maman allait me faire tricoter un bonnet et une écharpe, elle devait marquer mes vêtements d'une étiquette à mon nom, pour les lessives sur place. Plus tard, on préparerait la valise avec son inventaire dedans, on y mettrait les habits, la trousse de toilette, le nécessaire à courrier avec les enveloppes déjà timbrées, l'argent de poche pour acheter les cartes et les souvenirs… On partait avec l'OVALS, à Samoëns, au chalet de Plampraz, laïcité oblige ! Nous avions la laïcité évidente en ce temps-là. On devait dire sur une fiche, si on ne mangeait pas de porc et si on voulait aller à la messe le dimanche. Mes parents m'avaient demandé mon avis. Tout chrétien que j'étais, je ne voyais pas ce que j'allais faire à la messe alors que je ne m'y rendais que très occasionnellement… J'aurai mieux à faire…

Nous sommes partis de nuit, en train-couchette, la SNCF était encore l'amie des écoles, qu'elle encourageait à prendre le train… Pour ça, j'étais instruit, et pas malheureux de retrouver cette ambiance que j'adorais. Maman m'avait préparé des sandwichs, des fois que la faim me tenaille durant la nuit. Il s'agissait de prolonger l'amour maternel un peu plus longtemps sur le trajet. Mes copains, pareils… Après le bonheur des adieux sur le quai de la gare, nous avons dévoré nos sandwichs. C'est drôle, mais chaque fois que je mange du pain avec du gruyère je repense à cet instant… Enfin, j'ai retrouvé le plaisir de dormir, bercé par le bruit des roues sur les rails.

Au petit matin, nous sommes montés dans un bus après avoir chargé nos valises, direction la montagne que personne ne connaissait. Un monde nouveau, fait de sapins, de chalets en bois, la présence du blanc et de l'eau, de la pierre, les neiges éternelles dont on avait tant parlé depuis notre

---

[3] Pour les plus jeunes, négatif photographique couleur encadré de carton ou de plastique projeté sur grand écran à l'aide d'un appareil à lampe.

classe… Notre col pour monter sur les hauts de la ville paraissait bien dérisoire.

Tout est bonheur, on ouvre notre valise dans notre chambre partagée avec les copains. Personne n'est vraiment fier et en même temps on a tous quelque chose à montrer, un jeu de cartes, un harmonica, un canif ou une lampe de poche… La toilette, ensemble, encore une fois, on peut crier ! Dormir à six dans une chambrée, se lever le matin et découvrir que la neige a recouvert notre chalet… À table, on côtoie une autre classe. Quatre repas par jour dans la salle à manger. Souvent, on chante en chœur après le fricot. Nous nous construisons un répertoire commun au réfectoire et dans le bus, pour nous rendre au ski.

Le ski : il s'agit d'obtenir son étoile. Pour le moment, tenir sur des skis, puis apprendre à glisser et à s'arrêter… Enfin tenter de prendre des virages et emprunter des pistes vertes ou bleues… Pour finir, réussir un slalom chronométré et recevoir à l'occasion du dernier repas à la montagne son étoile qu'on arborera fièrement sur son pull au retour ! Ça, c'est le côté héroïque, la face cachée, c'est ne pas pouvoir se retenir d'aller au petit coin contre un sapin alors qu'on n'est pas bien équilibré… Se relever avec deux planches aux pieds plus grandes que soi quand on a les fesses lourdes et des bras pas très musclés… Rentrer en grelottant jusqu'au bus, mouillé comme une soupe. Attacher sa chaussure à des fixations encore très artisanales à l'époque. Se lancer, alors qu'on a déjà vu plus de la moitié de la classe s'étaler devant nous et se faire secouer par le moniteur de ski qu'on ne comprend pas toujours bien avec son accent.

Le goûter de retour de ski nous attend, du thé dans un bol en Arcopal ! Ce côté anglais nous paraissait totalement exotique. La tartine de confiture et le gâteau de semoule un peu moins. De la même façon, j'ai gardé un faible pour le gâteau de semoule depuis ma classe de neige… Ceux qui me connaissent en souriront…

La classe : on avait classe le matin ou l'après-midi, alternativement. On avait préparé le cahier de classe de neige qui doit encore se trouver dans un carton chez Papa. Dans ce cahier, on avait nos calculs et nos textes qui avaient tous à voir avec la montagne... On dessinait beaucoup pour illustrer les leçons, sur les skis, la géographie, le blason de la Savoie, les chamois et les marmottes... C'était un cahier bleu. De la classe, on regardait les sommets et pas la cour. Les récrés, c'était la prairie enneigée, les bonshommes de neige, la luge et les batailles mémorables de boules de neige comme sur l'image du jeune Bonaparte dans notre livre d'histoire... Nous avions classe le samedi et le dimanche était notre jour de repos... Pour la messe et les balades... Je me rappelle avoir visité pour la première fois un jardin botanique... On traînait dans les chambres, on rangeait notre linge frais repassé... On jouait aux cartes... Un peu comme dans *La Grande Illusion* de Renoir, on ouvrait les colis ! J'ai même appris à lancer le couteau et à ce jeu-là, je n'étais pas mauvais. Une confiance était née avec nos maîtres qui savaient qu'on n'allait pas faire n'importe quoi avec nos canifs...

Le soir, après le goûter, dans la classe, on sortait les jeux de société, on rédigeait un courrier. Je recevais plus de lettres que mes copains et je me souviens d'avoir demandé à mes parents de m'écrire moins souvent, ça me gênait... Et puis, il y avait les veillées, on préparait une pièce de théâtre, on faisait des jeux ensemble. Pas de télévision pendant trois semaines sans que cela ne manque à personne ! En partant, fin mars nous avons vu fondre la neige, la glace tomber des toits. Nous avons vu percer les primevères sauvages dans la prairie devenue verte. On est allé au village pour acheter les souvenirs aux parents, une cloche, une corne de vache ou un couteau suisse. En partant, nous avons simplement pleuré et appris que ces bonheurs incroyables avaient une fin. Nous savions que nous serions riches de ça toute notre vie. Ces moments, on allait les garder pour le reste de l'année, plus fort ensemble, pour continuer à apprendre et partir au collège !

Je me souviens de cette école autrement où tout faisait sens à une heure où l'on veut réinventer le vivre ensemble… J'ai appris de moi et des autres. J'ai aussi appris à me connaître et à me dépasser dans un environnement inconnu… Sans mes parents. J'ai aimé apprendre, car tout me parlait. J'ai encore appris le beau et le nouveau. Je suis devenu instituteur et j'ai donné à partir en classe de découvertes à mes élèves… Quelle plus belle mission pour l'école que de permettre de découvrir et de se découvrir ? Célestin Freinet a changé notre vision des missions de l'École. En cela, je prolongeais le rêve d'émancipation de mes maîtres et de mon conseil municipal… Je sais que la vie nous unit à travers le temps, à la montagne et n'importe où…

16. Je me souviens… Des dossiers de l'écran et de l'ORTF.

Un rendez-vous hebdomadaire autorisé à l'enfant que j'étais, selon les sujets traités, car il n'y avait pas classe le lendemain… C'était le mardi soir. Après le repas, la toilette et le pyjama, les familles se retrouvaient au salon devant la télé. C'était souvent pareil chez mes copains… Des rituels unissaient nos vies et nous faisions communion sans le savoir. Des malins de l'époque avaient pensé un projet d'éducation populaire et d'élévation des masses par une diffusion culturelle de qualité. Et en plus, à la maison, on avait *Télérama*…

Ne les prenons pas pour des anges ; la censure régnait aussi… Je me souviens encore que Roger Couderc avait été viré de la télé pour avoir soutenu le mouvement de mai 68 et que nous coupions le son du poste pour l'écouter commenter le match de rugby à la radio. « À droite de votre transistor, JPR Williams entame une relance exceptionnelle ! Allez les petits ! Allez me chercher ce gaillard-là ! »

Rendez-vous, nous disions… Un dossier qui s'ouvre… La musique du film de *L'armée des ombres* de Melville, pour nous mettre dans un bain de stupeur et de sérieux. Une émission d'Armand Jammot… Alain Jérôme que je prenais pour Armand Jammot présentait ses invités et appelait Guy Darbois au standard de SVP 11. 11. Il ne devait pas y avoir tant de monde pour poser des questions, car il fallait à l'époque attendre des mois et des mois pour se faire installer le téléphone… Et puis il lançait le film. Nous avions donc un instant de recueillement cathodique avant de débuter la soirée… Tout ce qu'on nous montrait avait à voir avec de la vérité qu'on s'empresserait ensuite de contester. Peut-être avons-nous hérité un peu de la culture du débat avec ce programme du mardi ?

Le film, les films… *La bataille du rail, Exodus, Le père tranquille, L'aveu, Les raisins de la colère, Les Vikings, Les révoltés du Bounty, Le vieil homme et l'enfant, Sacco et Vanzetti, 7 morts sur ordonnance, Que la fête commence…* On ne mesurera jamais assez le rôle qu'a joué cette émission avec celui d'Henri Langlois et d'Eddy Mitchell pour l'attachement des Français au septième art…

Ces films, ce rencard hebdomadaire, c'était au-delà du simple partage qui unissait la famille au salon, l'occasion de partages avec les copains le lendemain à l'école puis en grandissant au collège et au lycée. « Tu as vu les Vikings hier ? La trouille quand il s'est jeté dans la fosse aux loups l'épée à la main ! » Et à nous, le soir après la classe ou le judo, de sortir nos sabres et d'engager une longue bataille sur le terrain vague. Derrière l'immeuble que nous partagions, un chantier peuplé des tas de sable, de barres de béton et d'amas de bois. On aimait à se planquer pour inventer nos aventures ensemble…

Je me souviens des *Dossiers de l'écran*, mais aussi du *Grand Échiquier*, que je n'avais le droit de regarder qu'une heure, parce que là, y avait école le lendemain. Lino Ventura n'était plus seulement un acteur ; Raymond Devos n'était pas qu'un comique et Michel Legrand pouvait unir tout un chacun aux côtés de Maurice André et de Dizzy Guillespie… Il y avait aussi Maritie et Gilbert Carpentier le samedi soir. Sur le plateau, ils créaient des rencontres et ça élevait la chanson populaire… Je me souviens du *Te Deum* de l'eurovision avant un match international qu'on perdait à l'époque une fois sur deux. Je me souviens même d'Intervilles qui faisait rire mon grand-père et ma grand-mère. C'était l'été…

Je me souviens d'une télé dont la mission n'était pas de vendre du Coca et c'était pas si mal comme ça avec trois chaînes… Qui nous donnait à voir et à entendre… Qui nous donnait à unir et à partager…

PRINTEMPS

17. Je me souviens… Des Chiliens
   et de la maison des jeunes et de la culture.

Enfant, j'ai vite compris que j'avais de la chance de vivre en démocratie…

Petit, j'étais encore en maternelle, nous avions passé la frontière espagnole et je n'oublierai jamais les carabiniers, arme au poing ouvrant la malle qui accompagnait notre famille, épluchant une à une les œuvres de Victor Hugo qui devaient nourrir les vacances de Papa. Il me semble que ça avait duré une éternité de palabres afin de savoir si on pouvait lire librement à la plage… Ils m'avaient vraiment fait peur…

L'Allemagne était coupée en deux, Franco dirigeait l'Espagne, la Grèce était dominée par des colonels… À la maison, on était engagé. Alors pour mes parents, qui n'avaient connu que l'espace d'un instant Mendes-France au pouvoir, le programme d'union de la gauche était leur espoir et Salvador Allende un modèle. Giscard allait donner le droit de vote aux jeunes et Simone Veil le droit aux femmes de disposer de leur corps librement, mais ce n'était pas encore assez de progrès. On rêvait de justice sociale, d'abolition de la peine de mort, de libertés et à l'époque on en causait beaucoup…

Alors bien sûr que je me souviens, à l'âge de dix ans, devant l'écran de la télévision, du Palais de la Moneda cerné par les chars et du courage de son Président... À cet instant, ça restait, malgré tout bien loin de moi...

Il me paraît utile de dire qu'à l'époque la France était encore une terre d'accueil... D'abord pour amener des travailleurs portugais, marocains ou sahéliens construire nos immeubles et fabriquer nos voitures, mais aussi pour accueillir les boat-people et bien sûr les réfugiés politiques du monde entier. Mes modèles chiliens n'allaient pas tarder à trouver par-delà l'océan Atlantique le chemin de la France et de ma Commune...

C'est ainsi que je me retrouvais avec Maman à la maison des jeunes et de la culture qu'on appelait tous MJC, pour écouter, du haut de mes dix ans, des Chiliens nous parlant des arrestations, de la torture, du contrôle de la presse ou de la répression... Du rôle fâcheux des Américains qui me faisaient tellement rêver dans les westerns... Et puis, je réalisais qu'ils n'avaient plus rien... On nous invitait à apporter des vêtements, des jouets pour les enfants... J'allais être mis à contribution et à vrai dire, c'est ce qui allait me turlupiner le plus sur le chemin du retour... La MJC, c'était un endroit incroyable pour nous à l'époque... On y faisait des trucs de riches pour le bas peuple... De la guitare, des cours de dessin, du cheval, des débats de ciné-club... On y faisait des rencontres en dehors de l'école et des parents... Mais là, j'allais devoir donner de ma personne... Offrir des petites voitures. Noël m'avait apporté une magnifique collection de Majorettes... Lesquelles choisir ? Sûrement pas mes préférées, avec lesquelles je rêvais de rallyes, avec les couleurs pas possibles de l'époque... C'est ainsi que je préparais quelques camions militaires, qui très sincèrement, m'étaient moins utiles à ce moment-là de mon enfance... Hum, hum... Je me rappelle de la tête de ma mère quand je lui ai présenté mon don aux Chiliens... Il ne lui fallut pas beaucoup argumenter pour que je m'empresse d'aller réviser mon option...

Longtemps, j'ai pensé à mes Chiliens qui m'ont un peu appris l'abandon de ce qui peut nous paraître cher… Eux ont quitté un pays, un foyer, moi quelques-unes de mes plus belles voitures miniatures… Des années durant, dans notre salon, collée à la porte, il y eut cette sérigraphie jaune, rouge et bleue qui disait que « le peuple uni ne sera jamais vaincu ». À 18 ans, en 1981, j'ai crié ça avec mes camarades… Je repense aussi souvent à ces femmes et ces hommes qui ont donné de leur temps pour nous ouvrir aux autres et à la culture. Je me souviens de mes maîtres qui animaient un ciné-club enfant avec la Ligue de l'enseignement, ou bien qui m'ont emmené faire du ski à la montagne ; de mes professeurs du collège qui nous accompagnaient au Châtelet, après la classe, écouter les Chiliens des Quilapayun ou les Algériennes des Djurdjura, pour une somme dérisoire… Ils furent des passeurs et je leur dois un peu de ce que je suis aujourd'hui…

Désormais, la flûte de Pan paraît bien démodée. Dans mon cœur, elle sonne encore comme une vie qu'il me restait à écrire…

18. Je me souviens… Qu'on jouait à la récré…
   À apprendre à vivre ensemble !

Je ne le dirai jamais assez ; comme tous ceux de ma génération, je suis le fils d'une Révolution, de Révolutions. Petits, nous avons fait la bascule d'un monde à l'autre… Nous sommes nés dans le souvenir puissant des guerres, nous avons vu se gagner les libertés individuelles et collectives. Je suis fils de Françoise Dolto, de Dany Cohn-Bendit, de Simone Veil, de François Mitterrand, de Maxime Le Forestier et de John Lennon, de *Star Wars* et *des aventures de rabbi Jacob*, d'Yves Montand et de Catherine Deneuve… On vient de marcher sur la Lune ! Nous étions nés avec De Gaulle, Kennedy et Khrouchtchev, une guerre prenait fin. Le Sud se séparait du Nord, un mur divisait l'Est et l'Ouest… Le Monde était simple à comprendre… Marilyn Monroe venait de mourir et Jean Gabin était une star aux côtés de Tino Rossi pour les Français ! On passait des accords d'Evian à Woodstock en moins de dix ans… Tout le monde ou presque roulait en 2 CV ou en 4 L…

Et nous, on jouait à la récré… D'abord récré de garçons, ensuite récré de garçons et de filles… Nos jeux ont bien changé au fil des années de mes classes d'enseignement primaire. Avec le temps, nous abandonnions la blouse au profit du pull-over pour aller à l'école ! Alors on pouvait bien passer des billes aux balles !

Il est important de s'arrêter sur une chose à laquelle on ne pense pas souvent ; mais il y a des saisons pour les récréations… Il y a les récréations dans la cour et celles sous le préau… Il y a les récréations courtes des jours d'orage et les longs moments passés dans la cour en fin de printemps… Faut-il ajouter qu'il y a un élément qui est totalement proscrit de la cour durant toutes ces années ? Le ballon rond ! Celui-ci était strictement réservé aux séances d'éducation physique et uniquement aux grandes occasions… « Maître, est-ce qu'on pourra faire un foot avant les vacances ? » Enfin pour beaucoup d'entre nous, il y avait au moins quatre récréations, celles du matin et de l'après-midi bien sûr. Mais il y avait aussi celles de midi, car nous mangions à la cantine, et celle du soir, parce que beaucoup de nos parents nous laissaient à l'étude pour y faire nos devoirs… Pour ça, chaque mois nous apportions une enveloppe à notre instituteur qui arrondissait son maigre salaire de fonctionnaire. On conservait dans notre cartable toute la journée, le goûter fait d'un BN (biscuit nantais) constitué de deux tranches de biscuits carrés fourrés de chocolat, de vanille ou d'une gelée de fraises et d'un berlingot de lait Nestlé, concentré aromatisé.

En CE1, je suis avec les garçons : j'ai de merveilleux souvenirs de mes récréations… De garçons. D'abord, on recrée… Des films de capes et d'épées. On constitue les armées une fois sortis de classe, on définit les camps et les plans. Il s'agit de transformer nos bras en de longues rapières et de former des groupes qui sauront faire des prisonniers et défendre des territoires. La cloche sonnait et on n'avait jamais le temps de battre l'adversaire, il fallait remettre ça l'après-midi. Plus tard, ce sera « les gendarmes et les voleurs » que nous avions appris au centre aéré… Personne ne voulait vraiment être gendarme à l'époque. Mieux que le simple jeu de « toc » qui fait passer la main de l'un à l'autre. Avec l'épervier on apprend à constituer des chaînes… Fier de s'unir pour gagner, fier de résister à cette unicité en se faufilant au travers !

Si on arrivait en avance à l'école et qu'on avait mis trois sous de côté, la récréation s'inventait avant d'entrer en classe. Il y avait à l'angle de la rue Jacques Duclos, une petite boutique extraordinaire qui unissait pères et fils… Un vieux monsieur faisait commerce d'articles de pêche et de récréations… Alors là, on allait pouvoir être à la pointe, en achetant un jeu d'osselets en fer blanc magnifique, des billes en agate, en œil de chat, en pépites ou simplement en terre. Celui-ci avait ses saisons comme les grands couturiers. Au printemps, tout le monde courait faire l'acquisition de son appeau, par exemple. Et puis, on découvrait un univers de bonbons merveilleux. Bien sûr, tout le monde connaît le Mistral gagnant, le Carambar et sa devinette ou le Pierrot Gourmand. Je me souviens du Malabar qu'on gardait pour le soir et de son tatouage qu'on devait porter bien haut sur le bras, au risque d'être conduit un bon moment au lavabo par le maître pour faire disparaître la trace de notre originalité… La mastication écolière était alors totalement proscrite. Non pas que ce soit dans les règlements de l'école, mais la destination du Malabar était chaque fois vouée à la poubelle. Quelques malins se mâchaient la journée des bâtons de réglisse qu'ils avaient trouvés chez notre ami des pêcheurs et des enfants… Ce bâton traînait dans un mouchoir en tissu écossais à lignes violettes entre chaque récré. On ne fumait pas encore, mais on suçait son bâton à la récré… Un style !

Mes années garçon furent celles des billes. Bien sûr, les osselets, assis à l'ombre d'un platane, durant la pause de midi, nous faisaient développer une certaine dextérité, mais nous ne risquions pas la perte d'un objet cher. Les billes, c'était une autre limonade… Il était question d'habileté, mais aussi d'observation de l'adversaire. On perdait la mise ou on la gagnait, il ne fallait pas se rater ! Nous avions notre trousse à billes. On avait sélectionné celles qu'on pouvait perdre, celles qu'on gardait comme un trésor de guerre dans un pot à la maison. Vite, on comprend que si on veut gagner du beau, il faut miser du beau, du verre, de l'agate et pas de la terre… Voire du calot ! On regarde les trousses des voisins, on convient des enjeux. Et puis, il faut s'entendre sur les joueurs… Il n'y a pas de plaisir à piller un débutant… Encore moins à se faire vider de toute sa fortune par un champion… Observer les parties est au moins aussi important que de les jouer. Enfin, il y a l'entraînement ! C'est fou ce qu'on fait avec des billes ! En vacances, on les fait avancer sur le sable en tour de France accompagnées de coureurs aux multiples couleurs… Dans la chambre, elles servent de munitions pour une bataille de soldats ! Dans la cour, on joue au trou, on mise deux ou quatre. On joue au mur, on joue aux p'tits tas et à la tiquette. À chacun sa spécialité ! Nos pères nous apprennent différentes parties, pour entretenir ce qu'il reste de leur enfance et nous on grandit dans l'épreuve de la bille, de l'échange avec autrui…

Et puis, il y eut l'école mixte, la rencontre avec l'autre sexe et ses passions différentes qui nous laissent d'abord de marbre avant de nous intéresser plus fortement en grandissant…

Nous n'avons pas joué avec les toupies et les yoyo… Les scoubidous et les collections de porte-clés étaient passés de mode. Le Rubik's cube et les pin's n'avaient pas encore été inventés. Mais nous avons, nous aussi, connu notre mode, celle du tac-tac, partagée par les filles et les garçons. Passeport obligé de la récré pour une courte durée ! Il s'agissait de faire s'entrechoquer deux boules en plastique reliées à une ficelle… De quoi rendre sourde toute une génération d'enseignants. Ils ne mirent pas longtemps à trouver la parade en prétextant d'une utilisation inappropriée et dangereuse de quelques malins pour nous interdire l'engin et mettre vite fin à la mode…

Ce fut alors pour moi l'âge des trajectoires aériennes. Je devais travailler un peu plus rapidement que mes camarades et on me laissait le temps de plier des avions en papier de différents formats aux performances épatantes. J'avais appris intuitivement à me servir du vent pour porter mon zinc à planer le plus loin possible ou bien à lui faire réaliser des loopings invraisemblables… Mieux que les fruits des érables qu'on laissait descendre en hélicoptère. C'est l'époque d'Apollo XIII qui me faisait tenir en haleine le matin devant le transistor !!! Mes astronautes reviendraient-ils sur Terre ?

Enfin, avant que je découvre les joies des jeux avec les filles, il y eut les collections d'images Panini. Au début, on n'était pas football, mais Disney. Je connais des adultes qui continuent à les collectionner, on en trouve encore chez mon marchand de journaux… Cette affaire nous occupait un bon bout de temps. Je me souviens des *Aristochats*… Le film sortait à Noël et nous cultivions le mythe avec nos images durant des mois. D'abord économiser ou se faire offrir des images en accompagnant son grand-père faire valider son tiercé… Ensuite, les coller dans son album. Enfin, au bout d'un certain temps, noter sur une feuille la liste des images manquantes et faire le tour des copains pour échanger avec notre stock de « doubles » qu'on avait classés pour bien assurer la négociation… Avoir à nouveau le bonheur de compléter le soir son album… Sans jamais réussir à le terminer… La paix des récrés !

Reste que nous avons grandi… et qu'en grandissant, on s'est intéressé aux jeux des filles ou plus simplement aux filles… Jouer à chat perché redevenait fascinant puisqu'il fallait bien se toucher pour jouer. On apprenait à jongler avec des balles et on était nul. On aimait sauter à l'élastique et on n'était pas mauvais. Même la marelle retrouvait grâce à nos yeux, pourvu qu'on atteigne le ciel ! Et puis il y avait cette grande corde qui nous faisait sauter tous ensemble en chantant. Nos livres scolaires nous avaient montré le père dans son fauteuil fumant sa pipe et la mère à la cuisine. Nous faisions exploser les modèles par le désir de la rencontre, peu importe le jeu qui nous permettrait de vivre l'expérience… Le genre ne faisait pas débat encore moins théorie ! Nous allions partir au collège et on ne jouerait plus vraiment… Il s'agissait de bien en profiter.

J'ai eu bien souvent l'occasion d'observer des cours de récréation dans mon métier et je me dis que nous sommes passés à côté de quelque chose… On a tenté de les aménager, de les équiper avec des échasses ou des cerceaux, on a essayé de transmettre nos jeux d'avant. On a même mis en place des médiateurs de cour ! J'ai pourtant le sentiment que nous n'avons pas vraiment permis cette « RE création » qui était la nôtre. Quelle tristesse de voir deux enfants jouer aux cartes avec comme seule règle celle de taper le plus fort dessus pour la retourner !

19. Je me souviens… Tintin.

J'avais moins de dix ans. Papa aimait les rituels et celui-là n'était pas mauvais. Pour mon anniversaire, je me voyais offrir deux Tintin. Longtemps à l'avance, je cherchais chez le marchand de presse quels albums allaient enrichir ma collection. Vous vous souvenez de ces commerçants dans les blocs sous les immeubles de banlieue des trente glorieuses ?

Ils étaient papetiers, libraires, faisaient commerce de quelques jouets de récréation. On y achetait les belles images qui illustraient nos cahiers et à l'occasion, ils vendaient la presse… *Nous deux, l'Oise-Matin, Jour de France, Pilote,* bien des titres aujourd'hui disparus…

Choisir ses deux Tintin, dans l'odeur des gommes et de la colle Cléopâtre chez ce marchand de journaux en 1972… C'était vivre son anniversaire bien longtemps à l'avance. On n'ouvrait pas le livre chez le commerçant et on n'avait pas encore de carte de bibli. Papa avait, à l'occasion, ramené un album de la bibliothèque d'entreprise. Après un repas chez des amis, j'avais parfois découvert un album que je ne connaissais pas encore. Il pouvait être plus vieux que moi, le dos du livre ne comportait pas les titres de la collection complète, et Casterman n'avait pas encore accroché le magnifique ensemble de tableaux des héros qui mettait en appétit avant la découverte de l'aventure. N'avez-vous pas passé des heures à observer la collection des personnages croisés par Tintin au cours de ses voyages ?

Et puis il y avait la liste des titres au dos de l'album… À l'époque, on ne reproduisait pas les maquettes des livres… Alors on la lisait et la relisait afin de se faire une idée. On essayait d'y associer les éléments trouvés ici ou là sur la prairie qui entourait la liste. C'est vrai que d'apercevoir les couvertures chez mon marchand quand mes parents se rendaient au bureau de presse me laissait entrevoir des voyages exceptionnels. C'était comme le lion de la MGM, un mercredi soir devant la télé, l'annonce d'aventures extraordinaires.

Je crois avoir appris à lire avec Tintin et l'état des albums chez Papa montre quel amour sans limites ils ont connu. Jamais je n'aurai imaginé dans le bonheur indéfinissable de l'enfant que j'étais, plongé dans son Tintin, qu'on vendrait un jour ses planches au prix des œuvres de Van Gogh… Sa valeur, pour moi, était bien plus grande ; celle de l'évasion, de l'identification, de l'aventure, du rire… De la peur et de la victoire ! Très vite, j'ai compris qu'on avait affaire à du cinéma sur papier… À l'époque, nous n'avions qu'une seule chaîne de télé et nous allions au ciné quatre ou cinq fois dans l'année, à Noël pour le Disney et aux vacances… Mes albums ont été dessinés sur des cahiers, ils ont été réparés en de maintes occasions à l'aide du ruban adhésif… Certains ont souffert de coups de crayon et je découvre mon prénom et mon nom à l'écriture d'écolier sur la première page blanche… Histoire de le retrouver en retour de prêt, uniquement à un ami très cher et digne de confiance…

Je ne sais plus dans quel ordre j'ai complété ma collection, mais je suis sûr d'avoir désiré très fort *L'affaire Tournesol, L'île noire ou Tintin au Tibet*. Je me souviens aussi de la parution *des Picaros* et de son battage médiatique. Hergé s'était tellement fait attendre ! Je me souviens encore de la sortie au ciné du *Temple du soleil*, des personnages et des images qu'on retrouvait dans la Vache qui rit ou sur le verre de moutarde Amora. Plus tard il y aura Blake et Mortimer, Alix puis une grande addiction pour tout ce qui se rapproche de la ligne claire. Merci, Monsieur Julliard d'avoir enrichi le chemin tracé…

Je me souviens de ces anniversaires qui duraient toute une année, toute une vie… Merci à mes parents pour ces anniversaires-là !

20. Je me souviens… De Monsieur Ageorges, mon maître ; à l'origine d'un succès d'édition bien malgré lui.

Tout le monde a croisé un jour une image des livres scolaires que mon maître avait écrits avec son collègue Anscombre dans les années soixante. Ces livres furent un véritable succès pour la maison d'édition scolaire MDI. *Le français par l'usage, Images et récits d'histoire*. De grands panneaux didactiques accompagnaient la leçon. On en trouve aujourd'hui à prix d'or sur les brocantes. Cavanna ou Picouly ont fait l'éloge par la nostalgie de ces ouvrages, je me garderai bien de cela. J'ai juste envie de partager ma rencontre d'enfant avec ce maître, bientôt retraité, qui prenait soin de nous dans sa classe avec une exigence tout empreinte de simplicité.

Nous venions de déménager dans les bâtiments roses et quittions le quartier des Martinets. Un quartier neuf, une école neuve, fraîchement inaugurée, l'école Jacques Decour. Une école mixte, groupes A et B dirigés respectivement par M. et Mme Gambier.

J'entrais en CM1 chez M. Ageorges. Il avait l'âge de mon grand-père, c'était finalement assez rassurant. Nous savions qu'il avait écrit ces fameux manuels scolaires, car nous les utilisions déjà en CE2, chez Mme Darroux. Ça inspirait le respect et une certaine crainte de n'être pas à la hauteur. C'était un homme calme, sa classe l'était aussi. Tout était rythmé de manière uniforme. J'y trouvais finalement beaucoup de confort.

Il ne nous faisait pas de sport, un professeur nous visitait une fois par semaine et s'occupait à nous faire faire des tours de cour et des mouvements de gymnastique sous le préau… « Et un et deux et trois, on baisse les fesses… Les bras tendus, Libert, on reste comme ça, encore une minute ! » C'était vraiment rétro… La Ville avait l'ambition d'aider l'école dans sa mission. Elle s'était moins trompée quand elle nous avait offert une semaine autour du thème des marionnettes. Nous avions assisté à un spectacle puis nous avions été invités à construire notre propre personnage avec du matériel de récup !

Les jeudis de beau temps, il nous sortait en promenade avec la classe de Mme Darroux. Alors nous quittions les barres d'immeubles pour découvrir la nature tout autour. Nous empruntions le chemin qui menait à travers champs à la Croix Louis II. Puis nous retrouvions les bois à partir du gros hêtre qu'on appelait tous « groëte ». Là, on allait, selon la saison, observer les champignons, cueillir des fleurs, voir les bourgeons naissants. La récréation, c'était « les gendarmes et les voleurs » dans les bosquets, bien mieux que dans la cour de l'école… On aimait les jeudis de beau temps…

Il nous faisait chanter et je me souviens qu'il appréciait Marie Laforêt. Il n'avait pas tort ! C'était une belle femme qui avait une voix. La chanson écrite sur notre cahier, l'illustration réalisée, nous chantions en accompagnement de Marie Laforêt qui résonnait dans la classe depuis le tourne-disque. *Viens, viens sur la montagne !* La montagne, personne ne la connaissait vraiment. On l'avait entrevue à travers les images de notre livre de *français par l'usage* et des albums empruntés à la bibliothèque.

Je crois avoir été toujours contemplatif, ses leçons d'histoire étaient faites pour moi. On critiquera longtemps ces belles images qui n'ont rien d'historique. Après 68, on avait compris, avec l'éveil, qu'il fallait des documents réels, faire naître une démarche d'historien, d'enquêteur de l'histoire... Mais voilà, moi, elles me transportaient comme sa voix qui allait nous narrer quelques évènements qui marqueraient ma mémoire de jeune Français. Il était assurément animé d'une ambition humaniste. Je relis les derniers mots de mon livre d'histoire que j'ai retrouvé : « Quelle que soit ta patrie, fais serment, petit écolier, de toujours considérer les autres hommes comme tes égaux et de lutter plus tard, pour que la paix règne dans le monde. »

Maintenant, j'habite Lorient et c'est avec bonheur que je veux me replonger dans la leçon sur Colbert après avoir tourné les pages de mon manuel d'histoire. Il nous montre la Compagnie des Indes, dix questions accompagnent ce qu'il appelle la gravure. Nous répondions oralement à cette démarche après une longue observation et une lecture silencieuse qui devait aguerrir notre attention. Je relis la leçon et je découvre que M. Ageorges prend parti pour le ministre du Roi-Soleil. « Colbert n'est pas un seigneur... C'est un grand travailleur... Il protège les paysans... Fait construire les manufactures royales... Mais le roi dépense beaucoup trop d'argent pour ses châteaux, ses fêtes et ses guerres... » À la fin de la leçon, nous recopiions un résumé et nous avions le loisir d'esquisser un bateau magnifique sûrement inspiré du « Soleil d'Orient », à l'aide d'une méthode de dessin simplifié par un quadrillage. Ce rendez-vous hebdomadaire était pour moi une fête ! Il l'avait bien compris, lui qui me confia, mystérieusement, ses préparations de classe à l'élève que j'étais. C'est ainsi qu'à la maison je recopiais et j'apprenais la liste de tous les rois mérovingiens, carolingiens et capétiens. Il m'avait garanti que ça me servirait plus tard ! Quelle confiance, il portait en moi !

L'assurance naissante, je prenais certaines libertés... Il m'arriva de travailler comme un cochon... Il m'arriva aussi de la ramener plus que de mesure, certainement pour faire le malin. C'est ainsi que je me souviens d'avoir à l'occasion visité le coin, histoire de méditer un peu sur l'intérêt de l'école. Je devais alors faire un peu de vacances à mon maître et à mes camarades, vexé que j'étais…

Enfin, il y avait nos leçons de français. Tout était ritualisé. Je me souviens de l'arrivée dans notre classe d'Antonio, un jeune Portugais qui rejoignait son père travaillant sur les chantiers de nos bâtiments roses… Je me demandais bien comment il allait apprendre à parler notre langue… La réponse, je la trouvais tant dans son mérite à lui et à son désir de s'instruire, que dans la méthode de mon maître. Là encore, on peut rire ou même se mettre franchement en colère en voyant dans la gravure, une caricature familiale totalement sexiste. Maman sert à table, le père fume la pipe, assis dans un fauteuil au salon… On en a déjà parlé, on retiendra que ça ne doit plus être. Je veux prendre une image plus neutre comme celle de la ville en automne. Une lecture pour illustrer la gravure. Rassurez-vous, il y avait aussi dans la classe une bibliothèque à laquelle nous pouvions accéder le travail terminé. Les livres étaient tous enveloppés d'une affreuse couverture bleue. La lecture ne s'arrêtait pas à nos manuels. Ensuite, nous trouvions les questions autour de l'image et du texte, comme en histoire. Sur le côté, pour les 32 leçons de l'année, trois listes de vocabulaire, des noms, des adjectifs qu'il appelle d'abord qualités et des verbes qu'il désigne comme des actions. Alors la pluie chez M. Ageorges « c'est pas nul » comme on dit aujourd'hui… C'est gris, froid, continuel, soudain, imprévu, violent, brusque… On apprenait la langue… Venait ensuite l'instant de l'appropriation par l'écrit. Le vocabulaire occupait un quart de l'emploi du temps de français, suivait dans la semaine l'heure du travail sur la phrase et sur l'orthographe. Puis le moment de l'évaluation. Chaque jour avait, de façon immuable, son instant. Il avait abattu un ouvrage de Titan, car tous les mots utilisés en grammaire, en conjugaison et en orthographe avaient à voir avec le thème de la semaine. Les dictées reprenaient le vocabulaire et les leçons… Nous n'étions jamais piégés… Et puis les gravures allaient rythmer notre année… C'était un beau livre d'images qu'on regardait comme un album de bandes dessinées. Leçon 9, l'hiver la neige, leçon 15, au garage, leçon 23, au magasin, leçon 28 le jardin au printemps, leçon 31 à la plage…

Je me souviens d'un maître qui nous faisait aimer l'école, d'un maître apprécié de ses élèves et de leurs parents, d'un maître respecté par son Pays. Je me souviens d'un Instituteur !

21. Je me souviens… Du pâté de lapin et d'une vie simple partagée par ma grand-mère.

Elle avait été fille de ferme et il en restait quelque chose pour le petit-fils que j'étais, elle s'appelait Marguerite, je l'appelais Mamie Marguerite. Elle était sourde depuis la guerre et un bombardement et on n'avait sûrement pas bien pris soin de ses pieds qui la faisaient tanguer quand elle marchait.

C'est le printemps, fin avril, début mai, les arbres bourgeonnent. L'air est encore frais, mais le ciel suffisamment bleu pour qu'on aille cueillir les jeunes pousses de pissenlits. C'est un jeudi, je n'ai pas classe. On longe la voie de chemin de fer, un couteau à la main sur les herbages. On remplit le panier. On est en ville à la campagne… Bien sûr, avec vous, j'ai soufflé ces fleurs comme sur la couverture du *Petit Larousse* ! On était certain, après ça, d'assurer une belle récolte pour les mois à venir…

De ces pissenlits, on allait en conserver une partie pour nous, l'autre servirait à nourrir les lapins aux clapiers, dans la cour, au jardin. En sa présence, j'avais le droit de leur porter de vieux croûtons rassis, des épluchures de légumes et la cueillette de ces herbes fraîches. Elle ouvrait la porte, je donnais la pitance en faisant bien attention à mes doigts. Par chance, je pouvais apercevoir les petits auprès de leur mère. Quatre clapiers. Mamie changeait la litière si c'était nécessaire. Ces animaux nous nourriraient l'heure venue.

Le reste de pissenlits nous était réservé. Elle ferait rissoler du lard gras en petits carrés avec des pommes de terre qu'elle ajouterait à nos feuilles tendres bien lavées. J'avais eu le droit d'aller remuer le panier à salade dans la cour et je pensais à chaque fois à la camionnette de gendarmes du même nom qu'on croisait en voiture avec mon grand-père. Alors, je le secouais fort !!! Parfois, elle accompagnait notre salade d'un œuf mollet. Un art, sa salade au lard…

Aux grandes occasions, elle allait chercher un lapin du clapier, quand il avait bien grossi. Elle le ligotait à la porte de la remise. Je savais ce que ça voulait dire, assis sur la marche en ciment… Elle avait préparé son rouleau à pâtisserie et assommait la pauvre bête d'un coup net sur la tête. J'assistais à ça, sans peur, et je crois bien qu'à ma façon, je rendais grâce à cette bête, du bien-être familial qu'elle allait nous apporter. Alors, elle aiguisait son couteau à la pierre et elle dépeçait l'animal du cou aux pattes arrière comme quand elle me tirait le maillot de corps avant le bain ! Une patte m'était réservée, parce qu'elle portait bonheur ! C'était plus doux qu'une peluche et je pouvais la garder jusqu'au soir. Maman revenue, il fallait accepter de mettre la patte à la poubelle, car c'était « malsain ! »

Notre lapin allait être préparé de mille manières, à la moutarde, à l'occasion avec des pruneaux, en gelée, mais sa meilleure façon de l'honorer, c'était le pâté. Il fallait découper sa chair, la hacher comme chez le boucher. J'avais le droit de tourner la manivelle. On était allé acheter le lard frais qu'on moulinait, lui aussi, en ajoutant le persil et l'ail… Fallait mélanger dans la terrine, avec une goutte de cognac ; le sel, le poivre et quelques autres ingrédients secrets que je veux garder, comme tout bon cuisinier qui se respecte… Et puis le pâté allait rester au four de longues heures à embaumer la maison… Avant de tiédir et de rejoindre le frigo… À table le dimanche, amenant le pâté, c'était comme un cérémonial, une attente jugulée jusqu'à l'instant de lui faire sa fête. C'était à celui qui ramasserait le premier, les petits morceaux détachés dans la gelée… On avait ouvert un bocal de cornichons qui avaient trempé dans le vinaigre depuis l'été dernier, à l'heure où on les avait cueillis. On avait sûrement épluché des pommes de terre qu'on avait découpées en frites avec son appareil magique pour finir d'accomplir cette fête qui se terminerait par la présence d'un maroilles et d'un gâteau aux petits beurres, fait comme un tiramisu. On avait trempé des petits Lu dans le café, on les superposait d'une crème au beurre. Puis on jetait des vermicelles sucrés de toutes les couleurs… Ce jour-là, il y avait sûrement un anniversaire, et si ce n'était pas le mien, je poserais les bougies !

Ces moments simples marquent une vie bien plus qu'on ne l'imagine. Ils offrent de la paix et du confort. Tout ce qui est essentiel pour nous développer… Et puis, auprès de mes enfants, je perpétue cette tradition. Une façon à moi, d'inviter ma grand-mère à notre table et de faire vivre sa mémoire dans nos cœurs.

Je me souviens maintenant du potager. Si devant la petite maison, Mamie semait des pensées (tout un programme)… Derrière, c'était le jardin nourricier… Ces jours de congés, à mes côtés, il y avait Marie-Thé, la sœur de Papa qui était encore au collège et qui aimait tant prendre soin de moi. Et puis il y avait aussi Roger. Il était pour moi comme un grand frère… Il avait été abandonné très tôt et mes grands-parents l'élevaient. C'était, je crois le fils d'un GI noir américain et d'une belle Française… Quoi qu'il en soit, à cinq ans, je me trouvais déjà un peu aux côtés de Joan Baez pour la reconnaissance des droits civiques ! Avec Roger, on partageait tout, les parties de pêche avec le grand-père, nos soldats et nos cubes au garage les jours de pluie, et bien sûr le potager aux côtés de notre Marguerite…

Il y a cette merveilleuse photo qui hante ma mémoire où je suis avec Roger. Je n'ai pas oublié non plus ces instants de vie qu'étaient, de regarder bêcher ma grand-mère. Je pouvais ratisser derrière elle. Elle savait me reprendre et marquait avec moi une patience précieuse. La nature lui avait appris qu'il fallait du temps pour voir grandir la vie… C'est ainsi qu'elle aimait me faire attendre le moment de l'après-midi où nous irions cueillir les fraises. À l'heure où les arômes seraient les plus forts.

C'était sûrement en juin, les arbres sont en fleurs, le lilas déjà avait fané… En attendant, on installait la lessiveuse dans la cour et je l'aidais à tourner les draps avec son grand bâton de bois. À deux, on arrivait bien à essorer en tordant le linge et je lui passais les pinces une à une pour le séchage à la brise printanière.

La sieste terminée, je montais les marches qui me conduisaient de la cour au jardin. Avec mon plat, je traversais le chemin de briques rouges pour enfin être sur la terre, en harmonie avec mes fraisiers. Là encore, c'était la promesse d'un dessert qu'on adorait, partagé au dîner avec de la crème fouettée et du sucre…

Un potager c'est dons et projections. Je l'avais compris à cinq ans sur ce petit bout de terre qu'on aimait à me confier à cultiver. Ensuite, elle me laissait aller au parc avec mon filet pour une chasse aux papillons. Il est quatre heures, j'entends au loin klaxonner la camionnette du marchand de lait qu'on appelait Lolo. Il s'était, avec le temps, reconverti en épicier. Je rentrais dare-dare à la maison pour aller à la rencontre du fameux Lolo. Ma grand-mère sortait son vieux porte-monnaie en cuir et on se retrouvait avec tous les gosses et les ménagères du coin… J'avais le droit à un Mamie Nova aux cerises ou bien au cacao et un ourson en chocolat pour mon goûter. C'était pas courant d'avoir ce genre de laitage à table en ce temps-là… Et puis, souvenir de la Libération par les Américains, elle décapsulait une bouteille consignée de Coca qu'elle me servait au verre. Nous étions infiniment heureux avec tous ces petits riens qui rythmaient ces journées.

Elle n'aura jamais entendu parler de COP 21 mais elle en savait fort long sur la vie et l'avenir à bâtir avec son certificat d'études, ma grand-mère. Chaque fois que je croise un jardin ouvrier, un jardin de curé, je repense à ces mots de Zola dans *Germinal*.

« Maintenant, en plein ciel, le soleil d'avril rayonnait dans sa gloire, échauffant la terre qui enfantait. Du flanc nourricier jaillissait la vie, les bourgeons crevaient en feuilles vertes, les champs tressaillaient de la poussée des herbes… Aux rayons enflammés de l'astre, par cette matinée de jeunesse, c'était de cette rumeur que la campagne était grosse. Des hommes poussaient, une armée noire, vengeresse, qui germait lentement dans les sillons, grandissant pour les récoltes du siècle futur, et dont la germination allait faire bientôt éclater la terre. »

Marguerite ne m'avait pas seulement donné son cœur, mais toutes ses richesses, pour que moi aussi, le jour venu, je puisse grandir, m'épanouir et qu'à mon tour, je puisse donner à vivre…

22. Je me souviens… D'un grand pêcheur devant l'Éternel !

Il devait en avoir des choses à se faire pardonner pour fréquenter aussi pieusement les églises… Il devait en avoir des prières à dire pour ramener tant de jerricans d'eau bénite de ses voyages à Lourdes ?

Lui, c'était mon grand-père, Raymond. Grand pêcheur devant l'Éternel, car comme les premiers chrétiens, le poisson nous unissait ! Il était costaud, ne buvait pas que de l'eau, avait un cœur fatigué. Peut-être avait-il trop servi ? Et il savait jouer de quelques talents de comédien, avec son petit-fils, aussi…

Le printemps, les vacances de Pâques comme on disait à la laïque… Des vacances passées chez mes grands-parents. Encore une fois, tout ça était fort ritualisé dans le temps. Petit, il avait inventé une façon de me faire manger ma purée-jambon que j'adorais. Ça consistait en un cérémonial, par lequel, il m'enlevait mon assiette pour sculpter un tipi avec la purée. Le jambon découpé, c'était les Indiens. Que voulez-vous que ce soit d'autre ? Ensuite, il fallait que je fasse rentrer tout ça au bercail, direction mon estomac… Quand ça ne suffisait pas, on faisait appel à la portée de fourchette qui devenait un bombardier américain transportant ses munitions jusqu'à ma bouche grande ouverte. Il savait que j'aimais ma purée jambon, mais il fallait bien faire semblant ensemble du contraire, pour faire durer le plaisir de ces moments de complicité partagée…

Si je traînais dans les jambes de ma grand-mère toute la matinée durant, l'après-midi était confié à mon grand-père, l'impérieuse mission de sortir le gamin… On en a fait des kilomètres avec la Renault 8 ! Au plus loin, les fermes de Thiérache par les routes de Guise, Maroilles ou Trélon… Sinon la forêt de Saint-Gobain pour cueillir du « muguet bleu ». On appelait ça comme ça. Voir les avions qui décollaient à Roupy. La pharmacie de l'hôpital où il travaillait, sa fierté ! Un zoo, aux grandes occasions.

Mais sa passion, c'était la pêche. L'Homme n'est pas né seulement cueilleur, mais aussi chasseur. Chez nous, point de fusils, moins encore de bartavelles ou de lièvres comme le petit Pagnol dans sa garrigue, mais des gardons et des goujons, le long du canal !!!

La mode était aux reportages du commandant Cousteau et de sa Calypso. L'homme au bonnet rouge ! Alors, le poisson, ce n'était pas si mal. À chaque fois, le commandant nous disait que l'océan et l'eau, c'était le nouvel El Dorado. Avec mon grand-père, on ne serait pas comme mon parrain à plonger à la mer avec des bouteilles, à ramener des vieilles [4] et des dormeurs [5] dans son panier. Je ne serai pas non plus, comme mes cousins de Gauchy, qui, équipés de leurs cannes courtes, me faisaient lancer dans les champs, pour m'entraîner avec une ligne fortement plombée et un merveilleux moulinet. Ils me parlaient de brochet, le grand carnassier d'eau douce que je n'avais jamais vu autrement qu'en quenelle à la cantine le

---

[4] Pour les ignorants, mon parrain ne ramenait pas des grands-mères, mais bien des poissons du même nom. Ils vivent dans les rochers et portent une belle robe marron irisée de couleur ocre et carmin. Par contre à la cuisson au four, si la chair est bonne, elle est copieusement garnie d'arêtes…

[5] Même chose, tout le monde n'a pas la chance d'être né breton ! Mon parrain ne ramassait pas d'estivants assoupis sur la plage dans son panier, mais des crabes bien en chair qui nous régalaient l'été… C'est drôle ces noms que les hommes ont donnés aux produits de la mer… Ils recréent tout un monde de terriens !

vendredi… C'est vrai que j'étais plein d'admiration pour tous ces bonshommes que j'adorais observer à lancer pour pêcher la truite le long du Thérain quand je rentrais à Montataire… Quant à la pêche à la mouche, cet art pour lord anglais, je n'en avais jamais entendu causer… Je comprenais vite que la pêche au coup serait pour nous, la troisième division en la matière ; tout comme l'Olympique de Saint-Quentin l'était pour le football. Après tout, nous n'étions pas de Marseille et on pouvait se passer de Skoblar ! Notre gardon ne boucherait pas l'écluse du canal de notre belle ville ! Tout ça ne m'empêcherait pas, la nuit venue, de me rêver en Louis de Funès, levant les poissons d'un coup de pied sur le sol, au concours de pêche dans *Ni vu, ni connu* qui me faisait tellement pleurer de rire.

Et puis, le grand-père avait l'art de la mise en scène. Ça commençait par la nécessité de l'achat de la carte de pêche, sésame indispensable à la réalisation du projet. Tous deux, nous allions à pied au bistrot du coin, pour boire une limonade, revenir avec la carte dûment tamponnée et timbrée, lui une boîte d'asticots dans la main, moi, un *Pif Gadget*, dans la mienne… Ça sentait bon l'aventure…

Il fallait aussi réviser le matériel qui n'avait pas servi depuis l'été dernier. On retrouvait le panier-siège et Papy remontait les lignes. Il tentait bien de me montrer, mais c'était vraiment trop difficile pour mon jeune âge… La ligne, les plombs, je réussissais à glisser le bouchon et enfin l'hameçon sur lequel je n'aimais pas m'accrocher… On sortait les gaules, pas forcément télescopiques, en fibre de verre, sa dernière acquisition, mais aussi en bambou avec des coudes en laiton pour l'assemblage. Il fallait regrouper l'épuisette dans l'espoir de lever du gros, la bourriche en métal vert dans l'espoir d'une pêche miraculeuse… Ne pas oublier les piques pour pouvoir plonger plusieurs lignes… Il y avait ma canne et celle de Roger mon frère de lait…

Mais tout ceci n'était qu'un prélude à nos préparatifs... Bien sûr, nous nous projetions déjà au canal, mais nous attendions sa botte secrète : la fabrication de l'amorce qui faisait fulminer ma grand-mère par l'odeur fleurie qu'elle dégageait dans la buanderie... Alors je me souviens d'un grand-père, comme d'un magicien entrant sur scène... Il écrasait des pommes de terre qu'il mélangeait au son. Et puis, il nous sortait quelques gouttes de sa pharmacie qui allaient aimanter le poisson de leurs effets hypnotiques... On l'aidait à faire des boulettes, qu'on posait dans un seau. Ça puait ! On en mettait partout. Et ma grand-mère nous aimait... Dans le frigo, on avait entreposé des boîtes de vers de vase et d'asticots... Je payerais cher pour retrouver ce doux parfum de mon enfance...

À la fin de ce spectacle, il nous rappelait qu'il nous faudrait faire preuve de science et de sagesse pour bien choisir notre coin, car sur le canal, tous ne se valaient pas... En quelque sorte, il y avait les résidences à poissons... Nous devrions aussi respecter, comme à la messe, la sacro-sainte règle du silence... Silence et patience, nous étions à rude école.

La sieste serait courte le lendemain. La R8 chargée nous partions pour le canal. Le coin allait être choisi par ses soins. Il avait vissé sa casquette à visière sur la tête pour ne pas être ébloui par la lumière du soleil réverbérant sur l'eau frémissante du canal. Il lançait l'appât avec la plus grande attention dans l'eau. Un peu, à notre place, beaucoup à la sienne. Nous avions posé nos sièges, on laissait le poisson venir à nous ; le temps de monter les lignes et de jeter la bourriche à l'eau. Nous allions maintenant, chacun, de longues minutes durant, parfois de très longues minutes, observer notre bouchon flotter. À cet âge, on n'imagine pas le bon qu'il y a, à voir l'eau passer et le bouchon flotter. Parce qu'on est prédateur, on le veut voir plonger et pouvoir lever la canne avec son petit poisson au bout. Les péniches venaient nous distraire, elles faisaient râler le grand-père alors qu'elles me faisaient rêver. Elles transportaient du sable, du charbon, parfois depuis la Hollande ou la Belgique... Bien sûr qu'on levait la canne pour vérifier que notre asticot ne s'était pas fait la malle. Et puis venait l'heure où nous la levions enfin, avec la merveilleuse ablette accrochée au bout de l'hameçon ! Le grand-père ne sortait pas l'épuisette, mais il savait qu'il lui fallait nous aider à décrocher la précieuse proie… Il la mettait avec précaution à tremper dans notre bourriche et le comptage pouvait commencer… De la patience, il lui en fallait bien un peu à lui aussi, pour démêler nos lignes qu'immanquablement nous allions croiser Roger et moi… Dans cette affaire, nous apprenions qu'il y avait les bons et les mauvais jours de pêche et la météo avait souvent bon dos. On analysait la densité de la bruine, la force de la lumière, seules coupables de nos déconvenues ! Les jours avec, nous avions assurément été bons ! À nous, goujons, brèmes et perches ! À l'eau poisson-chat et vos horribles moustaches !

Il savait aussi nous laisser décrocher au bout de quelques heures… Alors, les cannes rangées, Papy pêchait encore un peu quand nous nous lancions avec Roger dans une terrible reconstitution d'un film de cowboys parmi les talus et les bosquets. Ce sont de vrais moments de paix que ces instants où branches en main nous inventions nos arcs et nos fusils. Les jours de maigre pêche, le grand-père savait nous amener voir les péniches sortir du tunnel de Riqueval. Nous avions plié nos gaules plus tôt…

Il fallait rentrer, et affronter la question fatidique de Marguerite… « Alors bonne pêche ? » C'est à cet instant que se produisait le miracle, on ouvrait notre bourriche et on retrouvait nos poissons respectifs quand on le pouvait… Les poissons étaient vidés, farinés et poêlés pour une friture. Au repas, à table, mystérieusement, Mamie savait comme le Xrist, faire multiplier pains et poissons. Nous étions vraiment, alors, en famille, de pauvres pêcheurs, devant l'Éternel !

23. Je me souviens… Du centre aéré
    et de l'art de nourrir les gamins…

L'été, c'était deux mois de vacances, un mois avec mes parents et un mois au centre aéré… Parfois, le centre aéré était aussi au rendez-vous de mes vacances de printemps, si je n'avais pas su bien négocier un séjour chez mes grands-parents…

À Montataire, le centre aéré, pour les grands, c'était au petit château. Je dois bien avouer que je n'étais pas forcément enthousiaste à l'idée de me lever tôt pour retrouver les autres gosses de la ville. Je ne pouvais pas glander comme mes voisins… Dans la maison ou au jardin… Avant neuf heures, je remplissais ma gourde et je partais à pied, avec ma petite sœur pour le centre aéré. Nous descendions vers le jeu d'arc et le cimetière. À ce niveau-là, on retrouvait les enfants d'une famille misérable qui vivait dans les tufs, entre le jeu d'arc et la maison troglodyte de Pierre l'Hermite. C'était le sauvage radicalisé du Moyen-âge qui avait lancé la première croisade pour Jérusalem et qui avait envoyé à une mort certaine une horde de va-nu-pieds qui commettaient toutes sortes de crimes sur leur passage… C'était, on le pensait, notre monument historique… On n'en était pas fiers… Puis nous nous retrouvions vers l'église ancienne qui avait été délaissée pour un édifice religieux plus moderne en bas de la ville. Celui-ci avait la même forme que les usines autour de lui… Sûrement qu'avec Vatican II, on avait pensé qu'il fallait des espèces d'hangars comme lieux de culte pour aider les fidèles à prier aux côtés des prêtres-ouvriers ?

Mais retrouvons notre chemin, dans les hauts de Montataire, après l'église, on basculait sur l'autre versant qui donnait sur Nogent-sur-Oise et Creil. On descendait une pente bien raide où se trouvait la maison de mon copain Sherif et ensuite on arrivait au petit château. Là, si on était en avance, on attendait devant la fontaine qui ne donnait plus d'eau. La gardienne allait nous ouvrir les lourdes portes du parc du château. J'avais aussi comme ami, son fils, qui était logé par la Ville au château. Il n'avait pas un peu de chance celui-là ! Mon village, c'est des gens, des noms, des familles, des personnalités… Ces noms, ils vous restent longtemps en mémoire. C'est pas de l'anonymat, c'est une communauté. Si je dis que notre directeur du centre aéré, on l'appelait Craniouf, du plus petit inscrit, au maire en visite de courtoisie, ça va parler à l'ensemble des Montatairiens… Lui, il avait comme mission de diriger notre centre aéré, mais il s'occupait aussi du cinéma Palace, des spectacles qu'on y produisait et des films qu'on y projetait. On le voyait souvent et on était fiers d'être reconnus par Craniouf… On savait que ce n'était pas son vrai nom, mais cette familiarité provoquait d'emblée une proximité et une complicité…

Aujourd'hui, je soupçonne le maire ou quelques-uns de ses adjoints d'avoir lu Gramsci… Pour eux, il fallait éduquer les masses, la culture générerait un nouvel ordre social ! Vous ne me croirez peut-être pas, mais vous retrouverez tout ça dans les archives de la Commune, histoire de vérifier l'invraisemblable que je vais vous narrer ! Chaque année, au centre aéré et dans les écoles, on fêtait une révolution avec force intervenants, déguisements, défilés, concerts et stands… On a commencé par la Jacquerie… À Montataire, on n'avait pas aimé les nobles qui avilissaient les serfs. Alors on s'était tous retrouvés le temps d'un week-end avec un sac à patates en guise de tunique sur le dos pour chasser le seigneur du château. Et puis, il y eut 1789, et l'abolition des privilèges, la Commune de Paris, « la seule vraie Révolution communiste… » Tout ce qui a été créé par l'homme comme révolte ou indignation, on le fêtait, une fois par an… Le truc, c'est que ça laisse des traces dans les mentalités… J'ai été éduqué à la liberté de pensée et à une certaine indiscipline qui me jouera des tours, plus tard, tant dans mon travail que dans mes engagements. Là, Gramsci dépassait les ambitions de mes édiles marxistes-léninistes… Enfin, merci à eux, ils nous avaient nourri l'esprit !

Les portes ouvertes, parce qu'on n'était pas toujours en Révolution, dès potron-minet ; on allait s'asseoir devant le château, en attendant que le car ramène tous les autres gosses de la ville qui habitaient un peu loin du lieu. On était des centaines ! Le centre aéré, c'était pas cher et il y avait le quotient familial. Le maire avait envie non seulement de nourrir les esprits, mais aussi de remplir les ventres. Alors les familles dans le besoin étaient repérées par le centre d'actions sociales et les enfants étaient automatiquement inscrits. Ça permettait d'avoir l'assurance qu'au moins un bon repas avait été pris dans la journée… De là, on faisait l'appel et on partait avec nos groupes… Les petits, les moyens, les grands…

Je vous dis que nos élus avaient le sens pratique ! Moins de gamins à faire les cons dans les rues ou à emmerder les pêcheurs à jeter des cailloux dans le Thérain, c'était aussi une garantie de ne pas être agacé par ses administrés ! Et puis, comme c'étaient des malins, avec la complicité de la société de pêche, une fois par an, ils remplissaient de truites le bassin du centre Marcel Cachin. Là, ils invitaient tous les gamins du centre aéré à une démoniaque pêche à la truite que même un tableau du grand Brueghel ne saurait nous transcrire. Attraper une truite à la main, c'est une affaire glissante… Ça sautait de partout entre les pauvres poissons et les mômes qui se retrouvaient plus d'une fois le cul dans l'eau… Là encore, les élus tous réunis pour l'occasion devaient bien se marrer avant le feu d'artifice du soir. Et nous, on faisait cuire des truites dans tous les foyers de Montataire avant de descendre en ville pour la fête foraine et les éclats à venir dans le ciel.

Je n'ai pas fait l'armée, pourtant, le brassage social, avec le centre aéré, je connaissais, du plus pouilleux d'entre nous au petit-fils du maire, on se retrouvait tous là pour partir en activité… Alors, une fois l'appel fait et les groupes répartis, j'ai fait des trucs que je n'aurais jamais faits avec mes parents… J'ai malaxé de la terre, on a tissé du macramé avec de la grosse ficelle. C'était à la mode après 68 ! On a fait des marionnettes, des cerfs-volants… C'était le matin avant de descendre à la cantine et de se régaler d'une bonne cuisine familiale réalisée sur place par les employés de la Commune.

L'après-midi, c'était promenades, sorties et grands jeux. Je parle du petit château, mais j'oublie de dire que, comme tout château honorable, nous avions nos terres, un petit bois et une immense prairie. C'était, en quelque sorte, notre domaine ! Alors, c'est là que nous apprenions à faire des cabanes, que nous participions à des courses épiques dans les caches qu'offrait notre petit bois. J'en connaissais tous les recoins et je vivais avec mes copains des aventures extraordinaires à jouer à se faire peur ou à tendre un piège au grand costaud de l'équipe d'en face pour le garder prisonnier… Une autre guerre des boutons ! On nous menait promener, la marche nordique n'était pas à la mode ; mais ça occupait d'aller à pied sur les chemins vicinaux, à travers les champs de blés mûrs et les jeunes pousses de maïs. On se rendait vers les garennes et les grottes de calcaire ou bien on gagnait le gros hêtre… En route, nous chantions. Il nous arrivait de cueillir des fleurs. Il fallait aussi s'arrêter pour vider nos gourdes accrochées à la ceinture du short… On rentrait toujours pour le « quatre heures » ! Là, les équipes de moniteurs allaient chercher notre goûter fait d'un bon morceau de pain et d'une barre de chocolat Poulain. C'était à celui qui pourrait faire la distribution ! Après, on soufflait avec des jeux calmes comme « le mouchoir » ou un « Jacques a dit » en attendant l'arrivée du car pour le retour au bercail et l'heure de la libération…

Une fois par semaine, on préparait notre sac pour nous rendre en car à la piscine de Liancourt. C'était la mer pour ceux qui ne partaient pas en vacances… À l'occasion, on allait en « sortie », voir un autre château, Chantilly ou Pierrefonds. La Ville avait concocté un pique-nique qu'on prenait sur place. C'était exceptionnel ! Enfin, nous avions la possibilité, si les parents étaient d'accord, de partir en camping pour quelques nuits… Là, c'était la grosse aventure ! Dormir sous la tente dans son duvet, un « p'tit dej » assis sur le sable à la fraîche dans la forêt. Se laver à la source, vivre une veillée et accompagner la tombée du jour, faire un jeu de nuit avec nos lampes de poche ! La réglementation n'avait pas encore trop sévi… Nous retrouvions le directeur dans la journée qui venait prendre de nos nouvelles et nous ravitailler. C'est drôle, mais je me souviens de la médaille d'or de Guy Drut, Montréal 1976. Un de nos moniteurs avait emporté un transistor à l'occasion de notre séjour en camping.

Il ne faudra pas bien longtemps pour que je devienne moi-même animateur à mon tour. C'était comme une évidence, j'allais intégrer ce groupe d'initiés que je respectais et que j'enviais tant, étant gosse. Je me rappelle d'Adjira, la sœur de Sherif, de Francis, de Florence… Ils et elles étaient des modèles pour moi ! Comme pour eux, la Ville allait prendre en charge ma formation BAFA. En échange, je travaillerais pour elle quelques années. En 1979, je touchais ma première paye, on y trouvait quelques billets et pièces remis dans une enveloppe kraft accompagnés du feuillet récapitulant mes droits à la retraite ! C'est comme si c'était hier. J'intégrais la communauté des adultes, la Ville m'avait aimé et savait me faire confiance. À mon tour, je pouvais transmettre cette bienveillance qui m'avait vu grandir…

24. Je me souviens... Du caté, de la communion et de tout le tremblement...
Peut-être la naissance d'une culture œcuménique ?

C'est le mois de mai, dehors, nous avons un temps magnifique. Les martinets sont revenus, ils m'enchantent depuis mon enfance, vous savez pourquoi... On est entre l'Ascension et la Pentecôte, à l'heure des communions. Il y aura du monde dimanche à la sortie de la messe... Le temps a ses marqueurs, dans une année comme dans une vie.

En septembre, les parents vous inscrivent au caté et vous n'en avez pas envie. Le mercredi, alors que les copains vont traîner au lit, il va vous falloir descendre au presbytère... Retrouver Arsène. Arsène, c'est le curé de Montataire. Celui-ci, il a dû être mis là par le père l'évêque, car il va bien, avec la couleur locale. Tellement bon chrétien, qu'il se sent proche de la théologie de la libération naissante ! Jeunesse ouvrière chrétienne, Action catholique ouvrière, Action catholique des enfants... L'Église en ce temps-là a quelques misères à se faire pardonner, avec le comportement de sa hiérarchie au temps de l'Allemagne nazie. Heureusement qu'il y eut les combattants de *Témoignage* ! Alors elle s'était réformée ; plus de messes en latin, des prêtres-ouvriers et une nouvelle doctrine. On ne lisait pas *La Vie catholique* à la maison, mais on était abonnés à *Télérama* et *Bayard Presse* était en bonne place dans nos chambres d'enfants... Nos parents construisaient *La deuxième gauche*, comme la nommeront plus tard Hervé Hamon et Patrick Rotman.

Une fois au caté, avec mon copain Frédéric (sa mère Paule était en ACO avec Papa et Maman) on nous invitait plus à réfléchir qu'à nous faire répéter des prières… Je n'en connais aucune… Un bout de « Notre Père », peut-être ? Par contre, on avait un cahier qui ne nous racontait pas vraiment la vie de Jésus, mais qui évoquait quelques évènements traversés par le Xrist et ses apôtres. Alors, je me souviens de sa rencontre avec Simon Pierre, ce pêcheur qui deviendra bâtisseur. Je me rappelle qu'on ne construit pas une maison sur le sable et que les pains ça peut se multiplier, pour peu qu'on croie en la Fraternité. On parle de l'apartheid. On apprend la chanson de Guy Béart *La vérité*. On dessine notre école et notre foyer sur le cahier. On cause de nos copains, des projets qu'on a pour ceux qui nous entourent, d'actions et pas forcément de « bonnes actions ». On dit ce qui nous révolte, un peu comme Jésus avec les marchands du temple… On parle de partages, de justice… Nos devoirs pour la semaine : relever une injustice ou bien écrire ce qu'on a perçu de bon… Heureusement que mes grands-parents m'avaient offert une Bible pour les enfants et qu'ils m'ont fait voir *Jésus de Nazareth* de Zefirelli ; sinon, je crois bien que je serais un peu perdu. Par contre le dogme, c'était plus solide…

On n'était pas nombreux dans notre ville communiste à aller au caté et comme notre curé était pas mal compagnon de route dans son genre, ça devait faire sauver les « bons chrétiens »… Comme en ce temps-là, on ne pensait pas à instruire la philo aux enfants à l'école, je n'en veux pas à mes parents de m'avoir offert l'occasion, en dehors de la famille, de donner du sens à ma vie. C'était malin à eux.

Arsène, il roulait en 2 CV, il se rendait chez les gens, car il savait bien, comme un pâtre avec ses brebis, qu'ils n'iraient pas à lui comme ça… Avec les réseaux sociaux, j'ai retrouvé

Jean-François, mon voisin de l'époque qui se rappelait qu'on partait à la piscine en groupe avec lui. Et Arsène, il n'avait rien à voir avec ces salauds et ces malades dont on parle tant aujourd'hui… Il n'en profitait pas non plus pour baptiser à qui mieux mieux dans le bassin municipal ! Les mômes n'allaient pas au caté alors il échangeait avec eux à partir de projets partagés et il donnait une image de sincérité à son église… Comme l'instituteur, les prêtres forçaient le respect par leurs vies simples et dignes. Certains étaient prêtres-ouvriers, syndicalistes, présents dans les luttes, à soutenir leurs camarades en bons apôtres du Xrist. Un certain nombre d'entre eux s'est marié et c'était bien normal que de tomber en amour quand votre mission est d'apprendre à aimer son prochain…

Plus tard, je ferai de la JOC. Je rejoignais en responsabilité et en fraternité, Philippe qui devint le parrain de mon aînée, Jean-François qui m'accompagnait quand j'étais au collège, Eric avec qui nous faisions « révision de vie » au lycée. On a lancé nos premières manifestations culturelles en complicité avec notre proviseur et nos copains et copines… On a été appelés à être responsables fédéraux avec Babette, Antoinette, Fabu… Et tant d'autres… J'ai été délégué de classe, on m'apprit la démarche d'enquête, je préparais les réunions. J'ai parfois siégé au conseil d'administration du bahut. Je découvrais aussi qu'on était plus sévèrement jugé quand on assume des responsabilités. J'aimais à faire le pitre et je tenais terriblement à mon libre arbitre et à une certaine, disons, impertinence… Mais avant ça, il y a eu la communion et tout le tremblement…

La communion, ça ne vous prend pas par hasard, c'est une pression qui monte au fur et à mesure que vous grandissez… On en cause entre copains. « Tu fais ça pour les cadeaux !!… » Et puis, il y a comme une pression familiale indicible. Disons que c'est cohérent, tu as fait le caté, tu grandis et tu vas rentrer dans la communauté des chrétiens comme tu vas rentrer dans la communauté des adultes. Voilà, c'est un rituel, on va réunir la famille, ce sera une belle fête. Tes cousins ont fait leur communion…

Ben moi, ce truc, ça me faisait un peu peur et ça me dépassait. C'est pour ça que je parle de tremblement… Manger le corps du Xrist, franchement, il n'y a rien de raisonnable là-dedans ! Je n'ai pas su reculer… Alors, je crois, en sixième, j'ai fait ma première communion. Ensuite, je n'ai pas confirmé comme c'était prévu en cinquième… L'empreinte du doute. Je n'aime pas me laisser emporter, j'ai un peu de mal à perdre le contrôle même si la vie vous y oblige si souvent…

À l'automne, on a écrit aux oncles et tantes, au parrain et à la marraine, aux grands-parents et aux copains des parents… On se donnait rendez-vous pour un méchoui. Franchement œcuménique comme démarche, ma communion c'était un peu l'Aïd ! À la campagne, au printemps chez Ali… Avec Papa, on a préparé la lettre d'invitation que j'ai recopiée des dizaines de fois. La famille est grande ! Ils m'ont répondu qu'ils seraient là et ils m'ont demandé une liste de cadeaux comme si je me mariais… C'est comme ça qu'après la messe, je me suis retrouvé fortuné !!! Une montre, une canne à pêche pour lancer, un magnétophone à cassettes (c'était tout nouveau), un globe terrestre… Franchement, ce fut une fête mémorable !

Avant, on s'est copieusement engueulés avec Maman qui avait décidé que je me rendrais en short à la fête, car « on avait écrit que ce serait décontracté… » Grave erreur, pour un enfant qui doit normalement entrer dans le monde des adultes… J'ai avalé l'hostie et j'ai dit ce en quoi je croyais. Là, c'était du sincère, approuvé et certifié ! Et puis on s'est tous retrouvés en famille autour du mouton que quelques oncles et amis faisaient tourner depuis le matin. Il y avait des tonneaux de vin et des salades bien disposées sur les tables.

Papa était formateur de cadres à la sécu, et l'animation, c'était son dada. On avait préparé des jeux à la con qui font toujours rire, le vin aidant. Vous connaissez le film *Cousin, cousine* qui fut couronné d'un Oscar de meilleur film étranger ? Pareil ! Ce fut un merveilleux après-midi. J'ai utilisé mon tout nouvel appareil photo, offert par mon parrain. L'Esprit saint de la journée aidant, mes cadrages révélaient deux tiers de ciel pour un tiers d'invités. Je les aime mes premiers clichés empreints de tant de mystiques… Je me sentais entouré, et j'étais dépassé, mais heureux en rentrant le soir dans ma chambre. On m'avait marqué tellement d'affection. Je n'avais pas profité assez de tous, comme on se dit chaque fois qu'on quitte une fête. Les instants de rangements, les « au revoir » sont aussi les merveilles de ces instants familiaux et amicaux…

J'ai vieilli. Je ne crois pas que je sois déiste. J'ai grandi avec les musulmans, les juifs et les chrétiens qui partagent le même Dieu au nom duquel ils ont fait les plus belles merveilles et les pires atrocités… J'ai compris que les grands rassemblements de prières, ça vous transcende et que ça finit souvent par vous faire dire et décider des âneries, si ce n'est pas pire ! Je devais sentir un peu ça avant la communion… En même temps, Maman, avant qu'elle nous quitte a vu deux François prendre le pouvoir ; politique pour l'un, spirituel pour l'autre… Elle avait bien raison de croire plus au second qu'au premier… Un Pape des pauvres qui a la foi dans le progrès humain, elle ne l'avait pas rêvé ! Alors, comme tout le monde, je me débrouille. Je veux faire confiance en l'Homme qui progresse dans une vie comme dans l'histoire. Je n'oublie pas que c'est un prédateur capable du pire s'il ne se cultive pas et ne se discipline pas… Je crois en la Fraternité et en la Liberté, en la Paix… J'essaye humblement de prendre ma part, dans la transmission et la création… J'ai appris la puissance du Pardon et j'aime la Tolérance plus que tout.

Et là, je me souviens de mes deux filles qui furent autrement plus courageuses que leur père au même âge. Mes enfants ont reçu une éducation religieuse, car ça ne fait pas de mal. Mon enfance me l'avait prouvé… Une a dit non à la communion chrétienne et elle fit preuve d'un courage magnifique qui força l'admiration de son père. L'autre était certaine que la communion était bonne pour elle. Elle demanda à son père de venir expliquer ce jour-là, avec la complicité du curé, ce en quoi il croyait, la confiance qu'il lui faisait dans son choix et pourquoi il ne communiait plus dans l'église.

Enfin, la vie me permit d'être un élu de la République. Je veux vous dire que j'ai procédé à des baptêmes républicains et que ces instants furent parmi les plus forts de mon existence. Dire ce en quoi on croit, s'engager… C'est simplement beau. Les rituels nous aident à ça ! Lafayette ne s'y était pas trompé avec la Fête de la Fédération…

Je me souviens du caté, de la communion et de tout le tremblement… Peut-être la naissance d'une culture œcuménique ?

25. Je me souviens… Des délégués au comité d'entreprise comme des Indiens dans la Vallée des Peaux rouges…

Mes amis se sont déchaînés l'autre jour sur la toile… Ils ont ressorti des images de la Vallée des Peaux rouges à Fleurines, de la Mer de sable à Ermenonville et du zoo de Thoiry. Ces photos, ces publicités anciennes m'ont ému. J'étais allé, enfant, en ces lieux magiques… Il y a quarante ans, point de parcs d'attractions gigantesques, juste la fête foraine, une ou deux fois l'an et quelques petits parcs qui nous donnaient rendez-vous aux vacances et le week-end.

Alors, je me suis rappelé que je fréquentais ces lieux avec les enfants des collègues de Papa. On avait droit, une fois l'an à une sortie familiale qui réunissait toute la « grande famille sécurité sociale »… Donc, on s'inscrivait. C'était grâce au boulot de Papa. On savait qu'on allait s'amuser et manger au restaurant avec ses collègues et leurs gosses.

La mémoire faisant son chemin, je me suis souvenu de Lucien, à la CGT, qui était délégué syndical, peut-être représentant au CE… Comité d'entreprise. Le Lucien, il était fier dans les causeries entre copains de nous dire comment il défendait la cause des travailleurs. Il savait que sa carrière serait pourrie par le patron même si son statut le protégeait un peu plus que les autres. Je me souviens que dans l'intimité, il n'en menait pas large, car il avait, lui aussi, une famille à nourrir… Il est passé à la trappe, comme beaucoup de sa génération et devra se mettre à son compte pour continuer à bouffer. La faucille et le marteau, ça vous marque au fer rouge pour retrouver du boulot. Ç'avait un peu changé pour les militants depuis le *Germinal* de Zola, un peu seulement...

Comme je suis curieux et que je n'ai pas trop connu l'engagement syndical... Je suis allé fouiller cette semaine, cette histoire de comité d'entreprise... Non pas que je ne sois pas syndiqué (ce qui aurait été une tromperie à tout ce en quoi je crois), mais je respectais la charte d'Amiens. Je fus plus tenté par l'engagement politique au service des habitants que par celui de la défense de la profession et de mes collègues. L'idée de responsabilités étanches est une idée raisonnable. Et puis, il y a de la place pour tout le monde.

Alors, je lis que les accords de Matignon, signés sous le Front populaire instituent un peu plus que les congés payés et la semaine de 40 heures... On invente le délégué du personnel... Je continue mes lectures et là je retrouve le fameux programme du Conseil national de la Résistance. Stéphane Hessel a réveillé nos mémoires en nous proposant de nous indigner... Comme il l'a fait jusqu'à son dernier souffle. La guerre finie, on veut instaurer la participation des travailleurs à la direction de l'économie des entreprises... On crée aussi la sécu dans un pays alors en ruine. Mauroy et Auroux renforceront cette ambition en 1981. C'est toujours intéressant de jeter un coup d'œil dans le rétro en pleine actualité sur la loi Travail... L'employeur doit consulter son CE en cas de modification de la durée ou de l'organisation du travail, de licenciements pour motif économique... Je comprends mieux que mon Lucien, il crâne, un peu... Pas trop... comme moi plus tard dans mon conseil municipal... Le poids des responsabilités et le sens du devoir...

Mais ce qui a le plus marqué ma mémoire, c'est plutôt le volet social et culturel du CE. Après des années d'exploitation, voilà qu'on a l'ambition démesurée que le travailleur s'épanouisse dans son travail, et en dehors. On se préoccupe en ces temps de plein emploi, je parle des années cinquante et soixante, de la bonne santé du salarié. On crée même des comités d'hygiène et de sécurité… Et puis il y a une bibliothèque au boulot. Je m'en souviens, car Papa avait rapporté à la maison une édition rarissime en format à l'italienne des *7 boules de cristal* d'Hergé. J'ai des copains dont le père travaille à Usinor… L'été, ils partent avec la FOL à Cuxac-Cabardès pendant un mois en colo. Papa, il avait la cantine au boulot. C'est plus tard qu'il mangera des sandwichs pour continuer à travailler le midi… À cette époque-là, ça aurait fait rire. Là encore, c'était le CE ! Ensuite, il a eu des chèques-restaurant. Même qu'il les économisait pour nous acheter à l'occasion un plat préparé pas possible chez le traiteur. J'ai connu un temps où le travail a nourri ! Il a nourri, car il permettait à l'Homme d'exister par sa force de travail, l'utilité sociale de son activité et le respect qu'elle dégageait autour de lui. Il a nourri, car il apportait un salaire digne aux familles. Il a nourri, car on pensait au casse-croûte de celui qui donnait pour l'entreprise. Il y eut même un temps où l'employeur versait une prime de vêtement de travail ! Enfin, il voulait nourrir culturellement par les sorties, la participation aux vacances des familles qui offrent repos et ouverture aux autres. C'était ça le CE et le progrès social. Un autre monde… Pour certains ! Imaginez un peu qu'à Noël, nous, les gosses de travailleurs, on avait cinéma et cadeau accompagnés d'une clémentine et de chocolats !!! Certains pouvaient même acheter des places à pas cher pour aller au spectacle, au théâtre ou bien au concert… Dans mon enfance, les patrons étaient parfois un peu communistes, si on peut dire. Peut-être qu'ils se sentaient obligés, qu'ils avaient la trouille ? Peut-être aussi que certains pensaient que c'était dans leur intérêt… J'en soupçonne même d'autres d'avoir cru en l'épanouissement humain par le travail en prenant Godin et son familistère pour modèle.

Alors, voilà, j'ai connu la Vallée des Peaux-Rouges. On y allait le dimanche. Des types étaient déguisés en Indiens et en cowboys et ils nous donnaient des rodéos en spectacle. Il y avait quelques attractions, de la musique western et un restaurant où nous mangions du poulet rôti… Les parents et les animateurs du CE étaient heureux de nous voir faire des yeux ronds devant les Indiens avant de préparer le tract de revendications pour la semaine à venir. J'ai connu le zoo de Jean Richard qui faisait le commissaire Maigret pour la télé et qui avait un amour démesuré pour les gens du cirque. Il soutenait Pinder à bout de bras avec la complicité des CE qui nous invitaient une fois l'an… Il y avait aussi un autre parc, la Mer de sable et ses dromadaires, des manèges et son attaque du train. Puis à Thoiry, on laissa un peu de place aux animaux d'Afrique plutôt que de les mettre en cage et ça avait la côte. Le soir de ces dimanches-là, on rentrait vannés à la maison et on en racontait aux copains le lundi à l'école. Ils n'étaient pas jaloux, ils attendaient leur tour…

Aujourd'hui, il n'y a plus beaucoup de grosses boîtes, on propose même aux gens de travailler à la maison, ça s'appelle le télétravail et moi ça me fait penser aux canuts de Lyon, comme dans la chanson. C'est drôle, les parcs sont de plus en plus grands et de plus en plus pleins. J'ai dû rater quelque chose. Alors je me souviens… Des délégués au comité d'entreprise comme des Indiens dans la Vallée des Peaux rouges. Aujourd'hui, dans mon Pays, on ne sait plus compter les sans-emploi et un enfant sur trois ne part pas en vacances…

J'ai écrit ce texte dans le train de Lorient à Lille et de Lille à Lorient. Je voulais assister à la remise de diplôme de mon fils qui en a fini avec une formation accomplie dans une des écoles les plus prestigieuses du monde. Il a obtenu un prix d'excellence pour un mémoire rédigé sur une question particulière de la diffusion cinématographique. Ce soir, on décernera la palme d'or à Cannes et je penserai à Jean Zay qui a refondé le rapport au savoir et à la culture dans le Pays avant de devenir un Grand Homme l'an passé. Il a éclairé ma vie. Pierre, mon fils, travaille désormais pour le plus important groupe de loisirs du monde. L'avenir s'offre à lui et les challenges sont gigantesques pour les générations à venir.

Alors, je me projette et je me dis qu'il participera peut-être un peu, à sa façon, à réconcilier le travail et le loisir pour rendre à notre Monde une idée du bonheur. C'est cette utopie qui fit avancer ceux du Front populaire, des travailleurs dansant dans les usines ou bien partant à vélo sur les routes, l'espace d'un été…

26. Je me souviens… Du café du Centre à Aulnoye, comme d'un espace de fraternité.

Ma famille habite Saint-Quentin. Maman a eu huit frères et sœurs, presque tous cheminots. On en a déjà parlé. Le train fait voyager. Mon oncle Lucien se retrouve à Aulnoye, mon oncle Christian à Longueau ; ils suivent le tracé des chemins de fer du Nord… L'intérêt des familles nombreuses, c'est la richesse d'expériences à découvrir. S'ils ont appris à aimer les jardins, certains vont développer des talents divers et variés dans des loisirs simples. On est colombophile, on se passionne pour le basket, pour la pêche et même pour les vignes en Champagne. Enfant, je regarde tout ça avec attention et j'accepte volontiers de partager. En allant chez l'un ou chez l'autre, je vois pour la première fois la télé en couleur, je me brûle en buvant un thé chauffé dans un des premiers fours micro-ondes. Je goûte la diversité.

Nous avions quitté le berceau familial pour le bassin creillois et toutes les deux semaines nous montions dans la 4 L vert pomme toute neuve pour prendre le bon air du Nord. On dormait chez les grands-parents ou bien chez les cousins. Sitôt l'école finie, le samedi midi, nous partions en voiture et nous pique-niquions de casse-croûtes que Maman avait préparés le matin. Nos sacs avaient été faits la veille. On prenait aussi les cartables pour les devoirs. Durant des années, nous avons chanté dans l'automobile après notre pâté-cornichons accompagné d'une pomme. Nous connaissions la route par cœur et je savais où se trouvaient les cimetières militaires entre la Somme et le Chemin des Dames… Compiègne, Ribécourt (une ville-rue comme on apprenait à l'école), Noyon, Guiscard (ça nous faisait bien rire à l'époque…), Ham, Roupy et son petit aérodrome, autant de lieux que nous avions à traverser…

Parfois, nous poussions plus haut, pour Aulnoye ou Landrecies, vers la Thiérache et la Belgique. On passait devant le familistère de Guise ! Qui ne connaît pas le familistère ou bien la ville de Fourmies ne comprend pas l'histoire ouvrière de notre Pays ! Qui ne connaît pas la Thiérache ne connaît pas vraiment le Nord ! Une petite Normandie avec ses vergers, son cidre et son maroilles ou la culture des chicons… La route vers la Belgique et la contrebande familiale à Jeumont. Il s'agit bien de la bataille révolutionnaire représentée sur les boîtes des plumes Sergent-Major… Sauf que là, la ville est divisée par la frontière franco-belge et qu'on va chercher le tabac et le chocolat. On les cache sous les sièges des enfants à l'arrière du véhicule sous le regard complice des douaniers… Avant, on mange un cornet de frites à la mayonnaise dans un estaminet… Papa et Maman, les oncles et tantes jouaient à se faire peur et c'était bien de les voir s'agiter à rouler le douanier… Dany Boon en a fait un film !

Alors, nous dormions au-dessus du café du Centre, le café de ma tante Marcelle et de mon oncle Lucien. Cet estaminet était pour moi, enfant, un espace totalement magique. Ma tante tenait la maison et elle faisait preuve d'un flegme et d'un humour à toute épreuve. Elle jetait un sourire unique à entendre ce qu'on n'appelait pas encore des *Brèves de comptoir*, comme si elle installait une distance complice sur l'humeur de l'interlocuteur… On ne lui apprenait pas beaucoup la vie… On y rencontrait de drôles de zigs qui venaient se faire servir un demi avec ou sans portion de frites… Certains étaient un peu fatigués, d'autres étaient fort cocasses… J'y ai même écouté un ventriloque à l'occasion d'une soirée, disons, assez arrosée ! Je crois bien que le café devait être en plus le siège social pour un club sportif. Pour nous, se retrouver au café du Centre, c'était aussi l'assurance que Papa allait nous lâcher pas mal de pièces pour apprendre à jouer au flipper et au baby-foot. Il ne devait pas payer bien cher ses consommations avec ma tante Marcelle… Mettre sa rondelle dans le juke-box, entendre chez *Laurette, La maladie d'amour* ou bien *Made in Normandie*… La variété rythmait notre temps.

Mon oncle était un personnage haut en couleur… Il brûlait la vie de façon assez déraisonnable, un peu comme j'aime. Une carrure de première ligne de rugby qui adore fêter les troisièmes mi-temps. Des cheveux longs et roux. Il venait aider au café après avoir fait ses heures à la SNCF. Il n'oubliait pas non plus le Conseil Municipal d'Aulnoye, en bon militant communiste qu'il était. Maman suivra son exemple quelques années plus tard. Ils n'étaient pas un peu complices ces deux-là à refaire l'union de la gauche entre socialiste et communiste. Et puis, il était chasseur ! Il adorait ses chiens. Je voyais un fusil pour la première fois et quelques trophées… Si pour l'époque, il était hors-norme, pour moi, il était un repère… Il ne pouvait pas laisser indifférent. On était ses gamins ! Il sera le premier à nous quitter au détour d'une route hivernale… Ce fut un très grand déchirement pour toute la famille. Ma tante le rejoindra plus tard, les effluves de tabac n'ont jamais beaucoup protégé les gérants de bistrots…

Maman étant la cadette de la famille, elle était plus proche en âge de certains de mes cousins qu'elle avait portés sur ses genoux alors qu'ils étaient bébés. Je n'avais pas dix ans que mon cousin Daniel avait déjà une moto et croquait la vie et les filles à pleines dents ! Je me souviens être allé voir ma cousine Martine jouer au foot sous les couleurs d'Aulnoye qui était une référence comme pouvaient l'être Quevilly ou la

Montagne. Ces clubs savaient faire perdre les grandes équipes en coupe de France ! Bien sûr tous les amis de Daniel et Martine se retrouvaient régulièrement, pour commencer une bordée, au café du Centre. Nanard a su séduire ma cousine dans toute cette équipe de jeunes travailleurs. Il me revient l'image d'un Nono qui était le drôle du groupe et qui cachait bien de grosses blessures affectives... Ces garçons et ces filles respiraient la simplicité et la fraternité comme seul le Nord sait les donner à vivre. Ils étaient à bonne école chez mon oncle et ma tante qui savaient comment remettre en place tout ce petit monde avec tout l'amour qu'il convient pour y parvenir. Ma passion pour le cinéma de Claude Sautet doit beaucoup à cette expérience de vie d'enfant.

Enfin, je me souviens de cette folie qui pouvait s'emparer de ma famille, les Lefèvre. Mon oncle et ma tante avaient acheté une maison de campagne près de Saint-Quentin. Un dimanche de printemps, nous nous retrouvions plusieurs familles à manger du cheval chez les Dubois. À table, ils s'étaient souvenus de leur enfance d'orphelins en nous racontant que les garçons montaient dans le cerisier pour cueillir les fruits avec l'obligation de siffler. On était alors certain qu'aucun d'entre eux ne dégusterait une de ces merveilles qui devaient être vendues au marché. Ça leur faisait du bien de se rappeler ces histoires et ils savaient bien qu'on n'était pas sourds... Vers seize heures, il fallut ouvrir d'autres bouteilles chez Lucien et Marcelle. Nous sommes donc partis en convoi sur les routes de campagne. Soudain apparut la camionnette d'un marchand de glaces. Il s'en trouvait alors pour vendre des crèmes glacées le dimanche dans les villages à défaut de ne pas avoir encore de congélateurs domestiques... Ce pauvre a dû être bien surpris quand il se fit poursuivre par tout un cortège de véhicules, mon oncle Lucien le klaxonnant en tête ! Il l'arrêta, puis stoppa toutes les voitures... Sortit un carnet et nota auprès de chaque auto les parfums de glace que chaque enfant allait pouvoir déguster… Je vous laisse imaginer la scène, les pommiers en fleurs, les champs fraîchement semés et un marchand de glace stationné sur la route départementale derrière un cortège de voitures. On venait de transporter la folie du café du Centre au cœur de la campagne picarde. Un peu avant le temps des cerises, nous avions du soleil au cœur !

Je revois encore mes cousins, leurs enfants, plus proches de moi en âge que de mes parents et je découvre leurs enfants. C'est un peu de ma tante Marcelle et de mon oncle Lucien qui revit alors en moi !!!

27. Je me souviens qu'ils étaient socialistes !

Là, encore, le verbe a son importance… Le 10 mai 1981, j'avais 18 ans. Un peu après vingt heures, ma mère tomba dans mes bras, devant la fédération du Parti socialiste. Elle se mit à pleurer. J'étais à ses côtés avec la foule de ses camarades quand l'image de François Mitterrand se déroula sur le petit écran. Papa nous rejoignit à Creil dans la soirée… Ils gagnaient une élection pour la première fois de sa vie. Nous avons défilé dans les rues pour dire que « le peuple uni ne serait jamais vaincu » comme les Chiliens dix ans plus tôt. Nous avons fait sauter les bouchons de champagne jusque tard dans la nuit et nous avons tous été fiers de retourner au lycée le lendemain. Pas de grève générale, mais des cours séchés pour voir Mitterrand descendre les Champs Élysée aux côtés de Willy Brandt et pleurer devant l'image du Panthéon…

Cette affaire remontait à loin… Mes parents disaient tout le temps qu'ils n'avaient jamais connu la gauche au pouvoir… Leur référence, c'était Léon Blum et le Front populaire, mais on n'avait pas été foutu de garder le pouvoir longtemps… Et puis ils n'étaient pas nés ! La Libération, trop jeunes ! Il y avait du respect pour Mendès, l'homme du retour à la Paix ! Chaban et Delors étaient moins pires que les autres… Guy Mollet c'était celui qui avait trahi la gauche avec Mitterrand. De ce dernier, on disait qu'il avait changé… Depuis Epinay. Et puis, on le respectait d'avoir mis le de Gaulle en ballottage ! Malraux avait quelques accents de grandeur, mais lui avait oublié le Front populaire en Espagne. Ils voulaient changer la vie !

Pourquoi donc n'étaient-ils pas communistes, ils étaient bien chrétiens ??… Nous nous appelons Libert, et nous portons haut ce nom… Alors Prague, ça faisait désordre dans le tableau. Et puis, ils n'avaient pas trop aimé le PCF et la CGT à la remorque des évènements de 68… Reste que c'était un devoir pour les socialistes qu'ils étaient, d'unir la gauche pour ne plus jamais tomber dans les errements de la SFIO. Les socialistes avaient oublié leurs racines et leur honneur quand ils étaient jeunes.

Alors après Epinay, le mouvement de Rocard qui quitte le PSU pour le Parti socialiste, ils adhèrent et ils militent… De ces socialistes, il en venait de partout dans leur section : ouvrier chez Usinor, prof au collège, travailleur immigré, femme au foyer, secrétaire, facteur, syndicalistes, laïcs, associatifs… C'était un mouvement populaire, personne ne pensait carrière, mais tous rêvaient de conquêtes. Berthe Fouchère était la figure tutélaire de la section. Elle avait été révoquée de l'Éducation nationale par Pétain, avait traduit les œuvres de Rosa Luxembourg, avait résisté aux côtés de Mitterrand sous l'Occupation et était l'amie de Maman. Quand elle partait à Nevers, chez qui vous savez, nous allions aérer sa maison, arroser les plantes et ramasser son courrier… Et moi, dans tout ça, j'étais fier de connaître une héroïne… Pas plus grande en taille que moi, mais avec une force que rien ne pouvait arrêter sauf le cœur… Juste avant 81 ! Avec Maman, nous avons appelé les pompiers. Et puis son corps a reposé à la fédération, histoire de permettre à tous de lui dire adieu. C'est au cimetière que je vis pour la première fois Mitterrand porter son chapeau noir et son écharpe rouge tel Bruant disant adieu à son amie de toujours.

Ils voulaient changer la vie ! Ça ne manquait pas d'ambition. Pour ça, il fallait tant bien que mal accéder à la culture. Un monde inconnu pour des parents qui n'étaient pas allés longtemps à l'école. Alors, il fallait lire et nous donner à lire. Papa nous achetait des classiques, pas la Pléiade dont il n'avait jamais entendu parler, mais des livres faits avec du beau papier, reliés avec ce qui ressemblait à du cuir. On s'abonnait à crédit à une collection d'histoire de l'art et une autre sur les révolutions… Chaque semaine, on recevait *le Nouvel Observateur* et le *Canard enchaîné* que Maman dévorait… Papa mettait Jacques Brel ou Yves Montand sur son tourne-disque. Il avait aussi acheté des disques de classique. La conquête du pouvoir, c'était ne pas être idiot ! On était allé à l'Olympia voir Nana Mouskouri. Papa en profita pour nous montrer comment fonctionnait le métropolitain… Par tout ça, il changeait la vie, en nous proposant de nous élever, nous, des gosses de prolos.

Par l'engagement, ils s'élevaient eux aussi. Au travail, on acceptait volontiers de se former pour accéder aux responsabilités. Avoir un poste de cadre, si c'était avoir l'assurance de meilleurs revenus, c'était encore le meilleur moyen de ne pas emmerder les copains de la boîte en leur accordant la confiance qu'ils méritaient ! Le week-end, ils partaient en formation pour apprendre, à gérer le budget d'une Commune, l'histoire de la pensée ouvrière, animer une réunion ou prendre la parole en public… L'idée, c'était « tous capables », pas besoin d'être passé par l'ENA !

Socialiste, ça voulait dire être syndiqué, membre d'une association. Papa était syndiqué à la CFDT. Ce syndicat revendiquait l'autogestion, le partage du temps de travail. Ils avaient fait LIP, alors ça ralentissait la carrière… Imaginer donner un jour le pouvoir aux travailleurs ! Sous Giscard, ça faisait désordre… C'était pas la CGT, le syndicat majoritaire, encore moins FO qui signait tous les accords. Les choses et les places ont bien changé… Maman allait emmerder les grandes surfaces naissantes avec ses copines du syndicat du cadre de vie quand celles-ci arnaquaient le peuple avec des publicités mensongères. On était candidat pour représenter les locataires aux élections de l'office HLM, pour revendiquer le gel des loyers et demander des jeux entretenus pour les gamins dans les squares. Avec la première crise pétrolière, les copines avaient pris peur et avaient dévalisé les mêmes magasins de farine et de sucre, souvenir de crève-la-faim d'après-guerre.

En 74, ils s'y sont vus, au pouvoir, et fallait voir la gueule à la maison en découvrant que les Français avaient retoqué le programme commun d'union de la gauche. Faut dire que si vous réécoutez un jour les propos de Mitterrand à cette époque, vous aurez l'impression que Besancenot à côté n'est juste qu'un social-démocrate bas de gamme : nationalisations industrielles et bancaires, abandon de la frappe nucléaire, service militaire réduit à six mois, décentralisation, augmentation unilatérale des salaires... Tout ça écrit par des économistes comme Rocard, Attali, Delors ou Herzog... Et je ne vous parle pas de l'abolition de la peine de mort, du remboursement de l'IVG... Le Larzac n'était pas passé, Plogoff non plus, et on évoquait peu l'écologie... Et puis on consultait. À Léo Lagrange, on voulait un ministère du temps libre et des chèques-vacances et ça ne faisait rire personne... À la Ligue de l'enseignement, on rêvait d'un grand service régalien et unifié de l'Éducation nationale. À la JOC, on demandait un statut protecteur et formateur pour les apprentis.

Je ne parle pas à nouveau des collages, des tractages, sur les marchés, à la gare, à la sortie des lycées et des usines, des meetings et des soirées débat... La veille des élections, on foutait de la peinture sur les routes devant les bureaux de vote comme on le fait à l'Alpes d'Huez pour soutenir Van Impe ou Thévenet... Il fallait être bien certain que Mitterrand, ça prenait bien deux t et deux r... Histoire de ne pas avoir l'air con !!! Fallait voir la gueule des employés municipaux qui devaient tout nettoyer le dimanche sous peine d'annulation.

On accompagnait les parents pour voter, on accompagnait les parents pour dépouiller. On écoutait la radio pour surveiller les taux de participation qui étaient ÉNORMES à l'époque… Après 74, ils se sont mis à gagner, les mairies, les départements et il semblait que rien n'arrêterait cet espoir irrépressible ! Ils se ramassèrent de nouveau aux législatives… Même scénario, « les Français étaient décidément trop cons ! »… Maman travaillait des journées entières à aider Colette et Moïra à la fédé. Téléphone, communiqués de presse, frappes (à la machine bien sûr), impressions, livraisons, commandes…

Ils étaient fiers et beaux à voir. Ils avaient la foi, se sentaient respectés et entendus. Dans leurs mairies, ils changeaient la vie. On parlait de l'exemple de Grenoble. Les vieux SFIO passaient la main. Jean Anciant, en bon prof d'économie, devenait maire de Creil. Ses adjoints : des ouvriers, syndicalistes, des femmes, des enseignants, un jeune qui avait fait HEC et délaissait sa carrière pour la cause… À Nogent-sur-Oise, un ancien d'Usinor, venant de la CFDT et militant de l'Action catholique ouvrière, André Dheilly avait même réussi à battre le maire pour la première fois aux cantonales ! Moi, je pigeais tout ça alors que j'étais encore gamin.

À la maison, il y avait le poing et la rose partout, en briquet et en cendrier (on ne fumait pas qu'un peu en ce temps-là…) en décapsuleur, en stylo, en badge… Le début des produits dérivés ! Des socialistes avaient dû travailler chez Disney en Amérique ? On croisait Chevènement, Rocard ou Mauroy, ce fils d'instituteur dont on disait qu'il transformait Lille, le phare des Ch'tis !

On organisait la fête de la rose une fois l'an au champ de Mars à Creil. Un podium pour Mitterrand et le chanteur qui passait après, Moustaki, Gréco ou Mouloudji… Des stands, un par section du département. On faisait des frites, on buvait de la bière. Jean-Pierre Besse devait déjà venir dédicacer ses ouvrages d'histoire ouvrière du département…

Il était jeune prof alors. On balançait des vieilles chaussettes sur les têtes caricaturées de Giscard, Chirac ou Ponia et ça nous faisait du bien… Avec Pierre, le camarade instit, une journée durant, nous avons animé un atelier sérigraphie d'affiches de 68 ! Je m'éclatais, dans cette fête. Enfant d'abord, ado ensuite… Il y avait des débats. À l'époque, on causait, on ne tweetait pas. Je m'amusais à les voir s'enflammer sur telle ou telle réforme. Toute la journée, on entendait l'hymne du Parti écrit par Théodorakis. On avait acheté *La paille et le grain*. Ils avaient une âme, assurément…

Voilà, Maman a pleuré dans mes bras le 10 mai 1981. Berthe n'a pas connu cette victoire-là. Il restait une histoire à écrire… On connaît la suite !

Vouloir le progrès humain, c'est l'affaire de chaque génération. Le livre de Stéphane Hessel a fait le tour du monde. Thomas Piketty vient d'écrire le *Nouveau Capital*. Des voix s'élèvent à travers le monde pour plus de justice et de paix. Comme hier, comme demain. Avec Pierre Rabhi et les colibris, chacun tente de faire sa part… Une histoire que l'on ne connaît pas est en train de s'écrire ! Apprendre à respecter la vie et notre planète… Ils bâtiront sur notre héritage… Aujourd'hui, mes enfants bousculent mes habitudes et m'invitent à porter un autre regard sur ce monde qui change… Moi, je continue à m'indigner et ils aiment ça…

Je me souviens qu'ils étaient socialistes, et qu'ils voulaient changer la vie !

ÉTÉ

28. Je me souviens… Du départ en vacances dans la 4L verte… Une nouvelle façon de découvrir la vie…

À l'instant où j'ai décidé d'écrire cette mémoire d'enfance, je me suis souvenu d'une soirée, à table, chez mes parents. Maman était encore là, nous étions tous réunis avec les enfants et je leur fis, en prenant les parents à témoin, le récit de mon premier trajet pour la Bretagne. J'avais sûrement un peu abusé de cette boisson écossaise que vous devinez et le romanesque de cette aventure les fit beaucoup rire…

C'est bien simple… Mes parents n'étaient jamais partis en vacances en voiture… Encore moins en Bretagne ! C'était le bout du monde, le Finistère qui porte si bien son nom… Papa et Maman avaient épargné toute une année pour nous offrir un mois de vacances dans une ferme à Pleuven, chez monsieur et madame Rousseau. Pleuven, c'est près de Fouesnant, entre Quimper et Concarneau pour les non-initiés. L'exotisme serait absolu, on avait vu dans les livres que les vieilles dames du pays bigouden et du pays fouesnantais portaient encore des coiffes et que les jeunes se retrouvaient le soir pour des bals qu'ils appelaient fest-noz. Ils défendaient une culture dont ils n'étaient pas peu fiers et parlaient le breton même s'ils savaient nous comprendre. Après 68, aller en Bretagne, c'était dire au peuple apache que tu l'encourageais à lutter contre l'oppresseur centralisateur ! Et puis ceux qui en revenaient disaient que c'était tellement beau ! Nos cousins Bussat nous avaient ouvert la voie…

Mes parents avaient fait des colos et ils savaient que des vacances, ça s'organisait… Alors on avait préparé. Mon cousin Mimi nous avait rejoints quelques jours avant. Avec la boucherie, mon oncle et ma tante ne partaient pas vraiment en vacances. Papa faisait des listes avec Maman de ce qu'il nous fallait amener. Une cocotte-minute ? Le transistor pour le tour de France et l'appareil photo pour les souvenirs… Les cannes à pêche ! Un seau et une pelle. Les boules et un ballon. Des bouées, car on ne savait pas trop nager, dégonflées ça ne prend pas de place… Bien sûr une pharmacie. On avait acheté de la crème solaire et de la Nivea… Avec cette liste, on était déjà en vacances… Et puis, il fallait faire rentrer tout ça dans la malle en fer qui par miracle occupait l'exacte place du coffre arrière de la 4 L.

Tous les rangements allaient être optimisés ! Vous avez vu Monsieur Hulot : pareil, mais à six dans la 4 L…

Notre 4 L vert pomme avait été révisée, les pneus bien gonflés. Faut-il rappeler ce qu'est une voiture économique en 1970 ? Pas d'autoradio évidemment ni d'essuie-glace arrière, encore moins de ceintures de sécurité ! Le levier de vitesse est au tableau de bord. Pas de rétro à droite. Les sièges à l'arrière sont individuels, un peu comme trois fauteuils de camping reliés entre eux… Rassurez-vous, s'il n'y avait pas de clim, mais on avait du chauffage et il y avait même une loupiotte au plafond en cas de besoin la nuit ! Enfin, si vous osez dépasser les 100 km/h, alors là, vous sentez la carrosserie qui commence à vibrer de partout… C'est comme une sécurité qui vous dit de ralentir, presqu'un régulateur de vitesse. On ne risquait pas de trouver beaucoup de radars, par contre, on sait pourquoi le film de Claude Sautet *Les choses de la vie* a tellement marqué la France…

Le plein devait être fait la veille pour ne pas payer trop cher l'essence sur la route… On avait acheté une carte de France et un guide Michelin de la Bretagne. Vous connaissez ce guide vert, allongé… On le glissait dans le vide-poche à côté de la lampe électrique. Cette carte de France, elle avait été étudiée… Imaginez une France avec comme seule autoroute, un trajet qui vous mène de Lille à Marseille… Doit-on passer par Caen et éviter Paris ou bien par Chartres ? Assurément à l'Ouest ! Par Rennes ! Il faudra rouler de nuit, c'est ce que raconte le nouveau Bison futé à la radio… Papa et Maman devront se relayer, car ils n'ont jamais conduit autant de leur vie… Prendre des duvets pour les enfants… Et puis, il y aura Paris !!! L'enfer du jeune automobiliste ! Ils avaient recopié le nom des villes à traverser sur un papier. L'idée, c'était de ne pas avoir à ouvrir la carte trop souvent en cours de route… On nageait en plein exotisme après Paris. Chartres, Le Mans, Laval, Rennes, c'était simple, mais ensuite… Mordelles, Plélan-le-Grand, Ploërmel, Josselin, Locminé, Hennebont, Quimperlé, Pont-Aven, Concarneau, Fouesnant… On disait que la Bretagne était enclavée. Pas de quatre voies pour doubler, mais des camions et des tracteurs. On n'inventait rien, car une fois arrivé, j'ai eu le bonheur de rentrer les vaches du pré en empruntant les départementales. Mais cela est une autre histoire…

Le soir du départ, nous avons descendu la malle dans le coffre. Elle n'était pas un peu lourde… Papa nous présenta alors l'emplacement de chaque voyageur pour ce qui allait se révéler être une expédition digne de la croisière jaune ! Notre petite sœur Christelle dormirait dans un sac de couchage sur la malle. Elle n'était pas grande… Mimi et Pascale allaient bénéficier, des places de luxe, sur les fauteuils. Il fallait s'accommoder, allongé sur les barres qui séparaient chaque fauteuil, mais c'était assez confortable. Quant à moi, veinard que j'étais, je dormirais au sol sur les cannes à pêche ; me présentait-il avec tout l'enthousiasme du jeune cadre qu'il était devenu, « une place pour toi tout seul !!… » Il devait y avoir tromperie…

On nous réveilla, je pense, vers trois heures du matin. On vérifia que l'eau, le gaz et l'électricité étaient bien coupés. On avait laissé les clés à une voisine pour le courrier et les plantes. Il restait à fermer la porte et à démarrer le véhicule… Je me mis dans mon sac de couchage et je compris vite que je ne dormirais pas beaucoup… Qu'il était bon le temps où nous partions en train-couchette pour Menton ou l'Espagne ! Les vibrations de la voiture à même le bas de caisse représentent pour moi une expérience inoubliable. Mais le meilleur, je crois, fut pour moi le douloureux contact avec les cannes de bambou à travers le duvet. Papa n'était pas sadique, il avait enlevé les hameçons aux cannes à pêche… Mais dormir sur du bambou qui roule, c'est un peu compliqué, ça vous rentre dans la peau et c'est globalement assez peu stable. Ça vous marque un homme… Même jeune ! Non pas que ça laisse des traces… Encore que si… Appelons ça des souvenirs quoi !

Je pris alors le parti de me régaler à écouter mes parents assurer la conduite en pilote et copilote comme au Monte-Carlo… Maman lisait le papier à Papa. Il devait respecter les vitesses, bien tenir sa droite… Enfin, vous voyez le tableau… « Attention, tu es en plein phare ! » Et puis ils découvrirent Paris. Ils ratèrent le périphérique qu'ils ne connaissaient que de nom. On ne sut jamais qui, du pilote ou du copilote commit la fatale erreur… Il leur fallut trouver le chemin de la porte de Saint-Cloud depuis Clignancourt, à travers un Paris qu'ils avaient découvert en bateau-mouche, alors qu'ils étaient jeunes mariés, ou en empruntant le métropolitain… Ça mit du temps… Par moment, je levais la tête. J'apercevais les ripeurs et je fredonnais *Paris s'éveille*. C'était tout comme dans la chanson, il était cinq heures et Papa et Maman s'engueulaient gaiement… Nous sortîmes de Paris ! La Bretagne devint une perspective !

Ensuite, ce fut long, ce fut même très long. Faut dire qu'on était un peu serrés… Il y eut des pauses, un petit-déjeuner, le pique-nique, les arrêts pipi. On chantait, c'était le début des tubes de l'été... Vous vous souvenez, j'avais neuf ans : « *Il y avait un drapeau américain, sur son sac déchiré, un blue-jean qui ne valait plus rien, mais je crois que je l'aimais bien* ». À six dans la voiture sur les routes de Bretagne... Les parents nous occupaient... On avait un jeu de dames portatif et un jeu de sept familles. On apprenait les pays et les départements en regardant les bagnoles chemin faisant. La Bretagne avait la côte, pas seulement d'Iroise ou de granit rose... Je crois bien que nous devions rouler plus de neuf heures... Il fallait mériter nos vacances. L'an prochain, le TGV nous amènera de Paris à Lorient en moins de trois heures...

Madame Rousseau nous attendait avec un sourire merveilleux et un accent qui marquait sa Bretagne. Elle savait accueillir ses vacanciers. Nous arrivions tous avec des visages un peu « décalqués » par la route... Elle avait ouvert une bouteille de cidre fermier et elle coupait le gâteau breton qu'elle avait préparé à notre intention. Le meilleur que je n'ai jamais mangé ! L'âpre de la pomme et le sel du beurre nous ouvraient les portes en terre inconnue !

Durant toutes les vacances, nous nous sommes disputés à savoir qui pourrait aller dans le coffre de la 4 L pour nous rendre à la plage ou en excursion. On jouait avec l'interdit et ça nous plaisait d'avoir à nous cacher... Nous apprenions aux côtés de nos parents qui ouvraient des voies. Il leur fallait cette belle humilité, ne pas craindre le ridicule pour nous offrir ces merveilles. Comme un dépassement de soi et de ses peurs... Partir en vacances cette année-là avec notre 4 L vert pomme, c'était comme apprendre à se servir d'une fourchette à poisson la première fois que vous êtes invités chez les rupins... Au retour, nous avons décollé de jour, ils ont choppé le périph... Le Bison futé n'avait pas été écouté à la lettre... Toute une expertise.

Un jour, une R6 orange viendra remplacer la 4 L. Puis une R14, qu'une extravagante opération marketing avait comparée à une poire. Un des plus grands échecs commerciaux de la firme. Nous avions, dans la famille, le véhicule original…

J'ai longtemps enseigné sur le quartier Rouher à Creil parmi une forte population marocaine qui descendait au bled par l'Espagne, la Simca1000 pleine à craquer, à l'heure des vacances d'été. Coluche, qu'on adorait, nous faisait rire avec ça. Et moi, chaque fois que je les voyais partir, je repensais à notre 4 L verte… Je savais qu'on est tous un jour l'Arabe de quelqu'un. Pour moi, ce fut sur les routes de Bretagne…

29. Je me souviens… Des vacances à la ferme
en Bretagne, comme une autre façon
d'appréhender le monde…

Ma grand-mère avait grandi auprès des bêtes… Nous étions arrivés sur l'exploitation dans les conditions que vous savez… Monsieur et madame Rousseau nous accueillaient dans leur monde pour un mois d'été. Ils vivaient en sabots ou en bottes… Cette famille était humble et bonne. Il s'agissait pour eux, une vie durant de nourrir l'autre… Nourrir les bêtes et en prendre soin. Aller aux champs et au verger, pour nourrir l'homme. Comment ne pas être bon ? Ils voulaient être des passeurs de passion, car je découvrais vite quel courage il fallait pour être à la terre au quotidien… Ils m'observaient avec un regard malicieux, plein d'amour, moi le gosse des villes, fabriqué de certitudes. On m'attendait au tournant… Je savais qu'on pouvait produire de la tôle, des colorants, des voitures, des câbles et de la peinture… De la solidarité même ! Mais la question de connaître l'origine de ce qui arrivait dans mon assiette ne m'avait que peu traversé l'esprit. Alors, ils jouèrent le jeu… La confiance s'installant vite avec Papa et Maman.

Ils avaient trois enfants, Jean et Étiennette étaient bien grands et fréquentaient déjà dans les fest-noz… Henri, lui était un peu plus jeune et il allait nous accompagner : moi, mon cousin et mes sœurs… Il venait à l'occasion remplir la 4 L verte pour aller à la mer ou à la pêche avec nous… Lui, en revanche, nous faisait vivre le lavoir, les cabanes et les prés. Nos familles sont devenues amies comme des rats des villes et des rats des champs qui trouveraient à s'unir dans cet amour de la vie et des Hommes… Je comprenais que mes racines se nourrissaient d'une incroyable diversité de sols… En cette Bretagne, je devenais l'étranger qui devait tout apprendre pour se faire sa place, comme mon copain Sherif l'était à Montataire… On entendait le breton à la ferme, sauf pour me parler… Finalement, si beaucoup m'échappaient, avec la frustration et l'inquiétude qui naissent de ces instants, j'étais plus chanceux qu'Antonio qui était arrivé en classe dans l'année sans aucun mot en poche…

La grande confiance fut celle de nous faire vivre en harmonie avec les animaux. Le soir, on revenait assez tôt de la plage, car pour rien au monde nous n'aurions raté les rendez-vous de la ferme. Rentrer les poules et leur donner le grain. Ramener les vaches du pré à l'étable. Cette mission était une aventure en soi ! Porter le drapeau qui assure la circulation du troupeau et arrête les voitures sur la départementale. Avancer aux côtés des vaches qui sont des monstres de taille en rapport à ce que je pèse du haut de mes neuf ans… Assister à la traite, c'est connaître le goût du lait, une intimité entre l'homme et l'animal… Découvrir un monde qui sent, accepter de se salir, moi le gamin du HLM, rue Paul Vaillant-Couturier, avec son évier en inox et sa salle de bain tout équipée… Le matin, au réveil on entend le camion-citerne, faire le plein de lait. Nos accueillants se sont levés bien plus tôt que nous. On nous laisse chercher les œufs qu'on retrouvait partout dans la ferme, on va se faire peur à donner à manger aux cochons… Juste un détail, pas de batterie, que du plein air ! Une cabane par portée… Avec une prairie pour se vautrer… La nourriture : des betteraves et des fanes. J'appris à prendre des coups de jus aux barrières électriques, mais aussi à faire courir les portées de porcelets, en frappant fort dans mes mains… Qu'est-ce que ça me faisait rire ! Enfin, aux grandes occasions, on découvrait l'éclosion de la vie et c'était un privilège. Dans un silence de cathédrale, nous comptions un à un les porcelets venant au monde se dirigeant instinctivement au sein de leur mère en tentant de se faire une place. Merci à vous de nous avoir laissés bouchonner le veau né de la nuit. Ces cadeaux sont des merveilles qui vous restent en tête une vie durant… Espace du temps présent à la vie, fait d'écoute de soi et de l'autre. Qu'il pleuve ou qu'il vente, on entendra les oiseaux et on sera présent aux bêtes. Les saisons ne sont jamais oubliées. Faire confiance au temps, qui prévoit un moment pour le soin, un moment pour les semailles, un autre pour la floraison et la germination et enfin un temps pour les récoltes. On m'a inscrit, enfant, dans ce cycle qui rythme la vie depuis la nuit des temps…

Papa avait depuis des années édicté une règle. « On ne revient jamais au même endroit en vacances, si belles soient-elles ! Le monde nous offre tant à découvrir… » Mais nos fermiers venaient de faire sauter toutes ces certitudes avec leur fierté et leur façon de nous faire aimer les beautés de la Bretagne. Pas besoin d'affiches dans le métro parisien ! L'art d'accueillir, l'art de vouloir partager, le conseil qu'il faut, le sourire au bon moment dans une discrétion infinie… Ils étaient les meilleurs ambassadeurs que la région ait rêvé… Ils nous faisaient témoins et complices de leur vie. On goûtait le lait et les œufs, le cidre aussi bien sûr !

Avec Henri, nous aimions par-dessus tout nous rendre au lavoir. Sur le chemin, on croisait un calvaire. Et puis, il y avait l'alambic… Monsieur Rousseau avait gardé ce merveilleux droit de bouilleur de cru. Il savait faire partager sa « production maison » à Papa qui n'oubliait pas de faire le plein avant le départ pour goûter un peu de Bretagne toute l'année, après le repas du dimanche midi. Bien sûr que j'ai vu ces femmes au lavoir avec les draps blancs… Mais nous préférions qu'elles ne soient pas là pour profiter de cette merveilleuse piscine d'eau glacée. Ça sentait la mousse, pas celle de la lessive, celle des bassins… C'était bon de goûter au frais et au vert de l'été sous la magnifique charpente. On entendait le ruisseau chanter. L'eau coulait d'un bassin à l'autre. On aimait marcher sur les murets et se laisser glisser dans l'eau tellement froide ! Et puis, dans nos poches, nous avions nos coquilles de noix à faire nager… Ces galions vivaient des voyages fantastiques dans les bassins du lavoir. Le courant et notre souffle doucement les emportaient. On se mit alors à fabriquer des embarcations de toutes sortes. Cet été-là, nous avons aussi réalisé, avec Papa, une cabane, sous le noyer, derrière la maison… Un vieux pneu pour balançoire, des palettes pour les étages, des branches en guise de murs… Et des siestes paisibles… Vivre la nature… Une énergie débordante.

Plus tard, nous ferons venir les vélos par le train pour aller sur les routes de campagne avec Henri. Hinault n'était pas encore né au cyclisme, mais on me parlait de Robic et Bobet et je comprenais vite, avec toutes ces bosses, comment on pouvait faire des champions sur cette terre occidentale. Moi le septentrional, je tirais la langue en bon dernier du peloton au milieu des champs clos, à l'ombre des haies et des murets qui protégeaient du vent, les prés et les champs. Pleine nature encore, Argoat, à tes ajoncs, au jaune solaire dans les verts du Celte que tu réveilles en moi ces années-là !

La table des Rousseau nous était ouverte à l'occasion. Chaque été nous valait une soirée crêpes. Le restaurant à la ferme, madame Rousseau à sa billig et nous à notre verre de cidre. Je me souviens de la finale de la coupe du Monde 1974, tous réunis devant le poste de télévision à regarder l'Allemagne du Kaiser l'emporter sur la fabuleuse équipe de Hollande… Il n'aurait pas fallu de vainqueur tant ces deux équipes étaient merveilleuses à voir jouer. Et puis le soir, on se glissait encore pour regarder le résumé de l'étape de montagne du tour de France… Partage de ces instants si simples et intemporels…

Mais le grand moment de notre intégration fut le partage du miracle de la fête et du travail… Qui n'a pas connu l'instant des foins ou des moissons ne sait rien du miracle solaire ! J'ai eu cette chance d'avoir une fourche entre les mains pour placer la paille en haut de la charrue, très jeune. Me lever tôt, à la fraîche et me voir présent dans la cour aux côtés des voisins paysans qui s'unissent pour cette semaine miraculeuse. Ils parlent une langue que je ne connais pas. Il y a Fanfan, qui deviendra le maire de la Commune et qui sait organiser le travail de tous. Je sens le respect de ces hommes à la présence du jeune étranger. La moissonneuse et les tracteurs sont mis en commun. Papa est autorisé à conduire un tracteur. Nous allons être utiles en cette longue journée. La solidarité est aussi une affaire de campagne, pour moi qui pensais qu'elle ne se jouait qu'à la sortie des usines… Nous ne sommes que des hommes, du plus jeune au plus vieux. Jean, le fils, a posé un congé, Germain, le gendre en a fait de même. La journée est chaude, belle, harassante et joyeuse. Je me découvre une force de travail que je ne me connaissais pas. Nous buvons beaucoup, du cidre frais qu'on nous apporte. Et je suis fier du regard porté sur moi… La paille entre partout et elle a un goût merveilleux de miel et d'herbe fraîchement coupée. On me lève les ballots de paille qu'on m'a appris à ranger aux côtés d'Henri. Le soir venu, après la douche, on se retrouve tous à la table des Rousseau, entre hommes. J'avoue avoir été dérangé par cette coutume quelque peu machiste qui ne réunissait que les moissonneurs autour de la table. Là encore, si j'entends la langue, je ne la comprends pas. Je dois bien dire que j'ai senti, en ces instants, plus fortement qu'à l'occasion de ma communion que je venais d'entrer dans le monde des adultes et que j'intégrais la communauté des Hommes. Dédé, mon voisin, m'a appris la semaine passée qu'on devait demander une autorisation spéciale au curé pour travailler ces dimanches-là. Il semble que le Bon Dieu était clément à l'égard de ceux qui s'occupaient de moissonner le pain de l'avenir… Quant à moi j'étais devenu l'espace d'une journée l'étranger, ami et respecté, qui pouvait trinquer à la table des moissonneurs aux côtés de son père. C'était hier !

30. Je me souviens… De José Catieau, un anonyme parmi les légendes du tour de France…

S'attaquer au tour de France, c'est oser se prendre une bordure dans une étape entre Fourmies et Dunkerque, pavée et venteuse à souhait, après les merveilles, écrites par Londres, Blondin, Delerm, Fottorino ou Lax sur la petite reine… Tant pis, comme on dit sur un vélo, je jouerai les chasse-patates…

Quand on est gosse, on a tous en tête le tour 71. Marre de voir gagner le cannibale Eddy Merckx ! Et là, un petit Espagnol du nom de Luis Ocana lui tient tête et lui colle un retard pas possible avant une terrible chute en montagne. Le Merckx, sur ce coup devient un super héros belge en refusant de porter le maillot jaune et mène une étape d'enfer pour rendre hommage à son concurrent malheureux ! Bravo l'artiste, tu entres dans la légende !!! Tu as du panache et c'est tant mieux pour le gamin que je suis.

On voudrait quand même en voir gagner un autre, un Français, ce serait idéal... Poulidor n'a pas encore eu son tour avec les deux rapaces qui se sont succédé, car il y avait eu Anquetil avant le Belge… En 72, Merckx premier, Gimondi deuxième, Poulidor avait fini troisième. Alors en 73, chauvin que je suis, je me prends à rêver avec la France entière, car les deux premiers de l'année précédente sont out ! La même année, avec Papa, on était allés voir le tour de l'Oise qui se terminait au vélodrome à Creil et on avait encouragé José Catieau, qui avait fini alors deuxième. José, c'est un Ch'ti de

Saint-Quentin et on l'aime, car il en a dans les socquettes ! Il est l'équipier modèle pour Ocana, leur maillot est orange aux couleurs de mes stylos Bic… À l'école, on a enfin abandonné le porte-plume…

Le tour 73, c'était à l'évidence l'année du renouveau pour nos coureurs tricolores. Poulidor, Guimard, Thévenet, Danguillaume et notre Ch'ti vont pouvoir nous faire rêver ! Je ne suis pas dupe non plus à dix ans… Il y a l'Espagnol qui veut sa revanche et qui est très fort. Et puis les Belges ont encore Lucien Van Impe et les Hollandais, Joop Zoetemelk… Ce beau monde a les jambes pour passer les Alpes et les Pyrénées… Mais que voulez-vous ? On se prend à rêver…

Depuis un moment, on a regardé le parcours du tour avec Papa et on a fléché notre étape. « Ce sera Roubaix-Reims qui passe par Saint-Quentin, on ira voir passer les coureurs ce jour-là ! » Catieau va pouvoir compter sur nous et sur tous les Ch'tis le long de la route de cette étape-là… On est passablement énervés avant ce grand jour, car le malin a gagné la deuxième étape au nez et à la barbe des Flamands en Hollande. Rien que ça, c'était héroïque pour le jeune Picard que j'étais. Battre les Flamands sur leurs terres, c'était la revanche de Saint-Quentin sur les Espagnols et les Hollandais de Charles Quint !!! Bon restons lucides, les Flamands et les Anglais trustent toujours les étapes de plat tant ils savent flinguer dans les sprints… Herman Van Springel, Walter Godefroot, Barry Hoban, Willy Teirlinck… On a bien Cyrille Guimard qui peut tirer son épingle du jeu… Mais bon ?

Alors on se retrouve tout bonnement le jour dit, sur la route du tour. On se met dans un virage en côte, ils ralentiront et on aura le temps de les voir filer. Il y a un monde fou. On attend la caravane. Papa m'achète *Miroir du cyclisme*. On nous offre une casquette jaune et un poster de Poulidor… La casquette est aussitôt vissée sur ma tête, le poster attendra le retour à la maison. Maman nous tient la main. C'est dangereux la caravane… Il faut bien rester sur le trottoir. On voit défiler les drôles de bagnoles… On ramasse des porte-clés qu'on gardera longtemps comme des trophées sacrés. « C'est Yvette Horner ! », crie un supporter. Des motos, des voitures, Europe1, RTL, la gendarmerie nationale… Après, il faut attendre les coureurs et c'est long. On entend régulièrement crier « vas-y Poupou ! ». Ça occupe et ça fait rire… Des voitures ou des motos passent en trombe, klaxon hurlant. Je fredonne l'air des klaxons en attendant, quand soudain un type qui a amené son transistor se met à crier. « Catieau a obtenu un bon de sortie, ils sont nombreux à s'échapper, Guimard est dans le coup ! » Alors là, on rêve de maillot jaune picard et l'attente vous semble interminable… Cette échappée, elle peut aller au bout ! Ils arrivent et franchement ça ne lambine pas. Les spectateurs sont à hurler pour pousser le gars du pays. Ces moments-là, ça n'arrive qu'une fois dans une carrière, être devant, à la maison. La foule est en délire. Les autres coureurs sont loin derrière et semblent laisser filer… Le leader Ocana n'est pas mécontent de l'opération. Poulidor, Van Impe et les autres attendent la montagne pour s'expliquer… La voiture-balai passée, on se dépêche de rentrer à la maison pour suivre la fin de l'étape. Guimard emportera le sprint, le maillot vert et le bouquet à Reims et notre Picard endossera le maillot jaune qu'il gardera sur les épaules durant trois jours avant de le céder à son leader. Champagne ! Un jour de gloire pour la Picardie et l'enfant émerveillé que j'étais. Il avait pris le bon wagon et les autres ne réussirent jamais à boucher le trou. Cette avance lui permit de finir 14e du tour et de faire tout un tas de critériums… L'anonyme s'était fait une place parmi les grands. Son heure de gloire.

Maintenant, faut que je vous dise… Du haut de mes dix ans, j'ai couru le Tour 73. J'ai signé chez Bic, chez Mercier et même chez Peugeot. J'ai vu naître un grand espoir français, Bernard Thévenet. J'ai eu une fringale quand il gagna à Méribel et j'étais dans sa roue quand il a emporté l'étape finale à Paris ! Deuxième sur le podium derrière l'incontestable vainqueur Luis Ocana. 33 km/h de moyenne, pas d'oreillette, pas d'EPO et encore moins de moteur caché dans le vélo. Tout à la pédale dans les bosses, en danseuse sur les tape-culs… J'ai souvent fait l'élastique au fond du peloton après avoir assuré les relais pour mon leader de course. J'étais un équipier modèle sur ma plage avec mes coureurs en plastique et mon sac de billes. J'avais trouvé des galets pour reconstituer les routes pavées de Roubaix, j'ai dessiné des bosses pour construire les étapes casse-pattes des baroudeurs et j'ai levé des montagnes de sable pour le maillot à pois rouges. Poulidor a chuté et j'ai été consterné, il resterait un éternel deuxième, coureur malheureux et pourtant tellement généreux… Dans les Pyrénées j'ai pioché sans jamais décrocher. La chaleur, sur cette plage à seize heures, le maillot à pois rouge, c'était pour l'autre Espagnol Pedro Torres. Imbattable pour moi. Seuls, Van Impe et Zoetemelk arrivaient à suivre le train d'enfer impulsé par Ocana et Thévenet. J'avais gardé ma casquette sur la tête, offerte avec *Miroir du cyclisme* et j'allais l'arroser régulièrement à la mer. Le matin je passais des heures à analyser les écarts du classement général et de l'étape de la veille dans le journal et à compter le nombre de Français qui finiraient dans les dix premiers à Paris.

Je fus un forçat de la route comme des millions de gamins depuis la création du tour et je ne pardonnerai jamais à cet Américain mercantile qui ne marchait pas à l'eau claire d'avoir cassé mes rêves d'enfance. Reste une histoire merveilleuse que mes héros ont écrite et ça, on ne me l'enlèvera jamais. Le goût infini de l'effort, l'humilité tant devant la défaite que devant la victoire, le goût de la pluie, du vent et du soleil. Les cols enneigés en été, le gois de Noirmoutier tellement casse-gueule, la volonté de se battre en équipe, mais aussi avec soi-même. Je me souviens de José Catieau, un anonyme parmi les légendes…

31. Je me souviens… Des vacances d'été, un mois sans télé !

Cette chronique est parue sur la toile, un peu comme le feuilleton attendu dans la presse populaire de ces derniers siècles. Loin de moi l'idée de me comparer à un Dumas ou un Sue… Simplement, ce rendez-vous m'a permis de me confronter à mes lecteurs, à leurs émotions, à leurs réactions. Ma mémoire est devenue peu à peu celle de tous… Celle d'Évelyne, de Lionel ou de Nelly, Vincent, Abdelkader, Sophie, Nathalie, Dominique, Christelle, Sam. (Je reprends mon souffle), Dadou, Marie, René, Omar, Nadia, Nicole, Jocelyne, Socrate, Adil, Lola ou encore Pierre, Michèle et Michel… De tous ceux qui me lisent un peu plus chaque semaine. J'aurais pu écrire « on se souvient »… J'ai voulu réveiller ma mémoire, j'ai réveillé des mémoires et se faisant c'est ma mémoire qu'on réveille à nouveau. Vous, mes amis, mes lecteurs, vous m'inspirez des textes, qui me disent que « tout est possible ». On peut revenir en arrière pour le pire, mais aussi pour le meilleur en inventant un autre lendemain.

Aujourd'hui, donc, je me souviens d'un mois sans télé ! Dans cinquante ans, on écrira peut-être, je me souviens d'un mois sans téléphone, sans ordinateur, sans jeux électroniques ou bien encore, je me souviens d'un mois de communication vraie… Mes parents s'émerveillaient à l'idée de nous faire vivre un mois sans télé !

Alors l'été, « quand on avait payé le prix d'une location »… Vous avez tous en tête le chef d'œuvre qu'est la chanson de Michel Jonasz… « On regardait les bateaux, on suçait des glaces à l'eau »… Et sincèrement on ne s'ennuyait pas. Il y avait la ferme, vous savez ça. Il y avait la mer, on en reparlera… Mais il y avait tellement d'autres choses !

Je me souviens qu'une fois par semaine, nous prenions notre 4 L verte pour une excursion. Le matin, on préparait la glacière, avec le pâté breton et aussi un morceau de fromage dedans. On achetait le pain et on partait. Le guide Michelin nous avait aidés à prévoir la sortie. Alors je vous parle de la Pointe du Raz et des cons en tongs sur les rochers. Je vous parle de la ville close de Concarneau. On regardait les galeries de marines. Un fou d'art brut faisait visiter son musée de tableaux en coquillages et il y avait la queue… Je vous parle de la roche tremblante en forêt d'Huelgoat… On ne connaissait pas *Le Seigneur des anneaux*, juste la légende arthurienne et on était transporté… Je vous parle de Quimper, la visite de la faïencerie… On ramenait des bols pour la famille et c'était pas minable que de partager ça au retour. À Locronan, on allait voir les artisans du cuir, les potiers et les sabotiers. On s'arrêtait à Pleyben pour admirer le calvaire et on achetait nos galettes à Pont-Aven… On devenait des touristes. Et puis on allait au musée d'arts et traditions populaires du Pays bigouden. On apprend à visiter un musée, ce n'est pas inné, ça se transmet par l'école ou les parents et on prend goût pour plus tard.

Une matinée dans le mois, Papa nous réveillait « à l'heure où blanchit la campagne » pour vivre un miracle au petit jour. À Concarneau, encore, nous nous rendions à la criée voir décharger les bateaux, assister à la vente du poisson, mesurer le courage des *travailleurs de la mer*… Faut-il rappeler qu'il a lu tout Hugo ? Il faisait froid, ça sentait bon la marée. Les caisses alignées, le murmure des acheteurs sur la voix du crieur, les klaxons des transporteurs. On rentrait vers huit heures, prendre un petit-déjeuner copieux avec le pain chaud du matin qu'on avait acheté au retour.

Si le budget le permettait, certains étés, on allait faire une promenade en bateau. C'est ainsi que nous avons remonté l'Odet ou que nous avons pique-niqué sur une plage aux Glénans. On mesurait bien l'exceptionnel de l'affaire et on était comblé par l'aventure… C'est évident pour un Breton que de passer du quai au pont d'un bateau, mais ça ne l'est pas forcément pour un jeune Picard. Entendre le chant d'une mouette rieuse peut paraître commun à certains et une promesse de paradis à d'autres. Tout dépend de l'endroit où l'on se place… et de sa façon de regarder la vie…

On n'allait pas souvent au restaurant. À l'occasion, notre grand-père nous offrait le self. C'était nouveau, moins cher. On pouvait choisir et il y avait des glaces… Parfois, Maman allait à quai acheter des crabes aux bateaux avec le retour de la marée du jour. Et là, c'était une fête épique. On avait nos outils sur la table. On était réunis avec la famille, les amis au fil du temps et on se régalait. On apprenait à manger du crabe. « Ça faisait restaurant », est une expression que j'ai gardée et qui doit venir de ce temps-là. On n'était pas de la « haute » disait-on souvent sans aucune note d'ouvriérisme. On chantait, on riait, le cidre et le gros plant sur la table. Au dessert, il y avait du far ou bien un kouign-amann. La Bretagne, c'était pour nous une épopée.

Le soir, on ne s'emmerdait pas ! La mode n'était pas encore aux barbecues. On savait faire un feu de bois à l'occasion et on s'émerveillait d'être comme ces cowboys qu'on admirait tant. On aimait regarder les étoiles, surtout quand elles étaient filantes. Alors on formulait un vœu qu'il fallait tenir secret, genre « j'espère ne pas être dans la classe de bidule à la rentrée » ou que « truc m'aimera pour la vie »… On chantait c'est *Une belle histoire* de Fugain et on pensait à la fin des vacances… Combien j'ai vu de soleils se coucher à l'Ouest sur la plage ou au port, à marcher aux côtés des parents ? En rentrant, on fredonnait « *J'ai encore rêvé d'elle* », il était une fois… On avait envie de grandir…

Une fois par semaine, on avait droit au ciné. À Fouesnant, il y avait une petite salle qui redonnait les succès de l'année. Chaque semaine, on se rendait à l'office de tourisme pour prendre le programme imprimé sur un tract en papier vert. En famille, on choisissait le film qu'on irait voir. C'était pas vraiment du Septième Art, *La 7e compagnie* avec ses répliques qu'on retenait à tous coups… Des histoires de fil blanc sur le bouton… De je ne sais plus quelle couleur ou bien du « à l'ail pour mon copain », et il fallait « rester groupir »… On avait pu se régaler d'un cône Miko juste avant le film. C'était merveille… On se savait privilégiés…

Parfois, on allait sur la place du village pour un fest-noz écouter les sonneurs et regarder tous ces jeunes et ces vieux danser à l'unisson. Impensable pour nous qui ne connaissions que les flonflons, les fanfares et les défilés du carnaval ! Selon qu'on partait en juillet ou en août, le dimanche on irait à la fête de Cornouaille ou à la fête des filets bleus. On ne parlait pas encore vraiment du festival interceltique de Lorient dans les années 70. Là, on faisait des yeux ronds devant les bagadou et force costumes… Ils nous en mettaient plein la vue avec leur culture…

Et puis, il y avait aussi les soirées ordinaires, celles où il bruine, celles où on ne programme rien. Chaque année, on amenait dans la grande malle bleue un jeu de société. Alors on a appris le nain jaune, la belote ou bien le Cluedo. On aimait gagner et on apprenait à perdre. On causait… Et on partageait simplement, sans prétention. Enfin, je me souviens qu'une année, quand j'étais encore bien jeune, Papa me raconta *Le merveilleux voyage de Nils Holgersson à travers la Suède*. Je suis père et je sais quel bonheur il s'est offert à me voir m'endormir dans ce conte extraordinaire. Un jour peut-être je réaliserais le voyage de Nils au pays des oies sauvages… J'en garde un amour infini pour les palmipèdes de toutes sortes et pour la lecture à voix haute, comme me l'a rappelé tellement gentiment une ancienne élève cette semaine… Elle sait désormais comment est né cet appétit de lecture…

Avant la fin des vacances, on envoyait des cartes postales, à la maîtresse, aux grands-parents qui ne sont pas venus nous rejoindre cette année... « Bons baisers de Fouesnant, le ciel est bleu, nous passons de merveilleuses vacances, c'est vraiment très beau ici, on pense bien à vous ! »

On n'avait pas la télé, on n'a pas fait le club Mickey, encore moins le club de voile… On a appris à nager, à fêter et à aimer la vie, sans procuration… Voilà à quoi ça sert les vacances… On ne remerciera jamais assez le grand Léon Blum. Il avait changé nos vies !

32. Je me souviens… De la mer, promesse du large et corne d'abondance, comme d'un espace de paix.

« Ils sont venus, ils sont tous là » dès qu'ils ont entendu l'appel ; on va revivre, à la mer. « Ils sont venus, ils sont tous là », même ceux de Saint Martin, pour prendre à nos côtés, l'air du large. Y a même Bebert l'ami de toujours qui installe la caravane dans le pré… Les cousins, les grands-parents, les copains, les copains des copains, Danièle, Marie-Thé, Tarzan et tant d'autres. Les Bussat, Bruno, Mimi, Anne et Anne-Marie, Luc et tous ceux qui se reconnaîtront…

Pour un jour, une semaine ou un mois. On fait un saut à Mousterlin, pas loin de la plage, pour partager ce grand moment de liesse. On habite pour un mois à côté de chez Pompidou qui lui aussi passe ses vacances là et ça nous fait rire chaque fois qu'on voit les gendarmes en surveillance devant l'entrée. Nous on va plutôt visiter le père Bosser qui a posé son camp de base un peu plus loin à Douarnenez avec les Lefebvre… Comme si la mer, pour ces jocistes qu'ils ont été, ça ne pouvait se penser qu'en communion. « Sainte Marie pleine de grâce, dont la statue est sur la place », Sainte Anne aussi, processions et honneurs aux pêcheurs bretons ! On sort ensemble, on pêche ensemble, on joue ensemble, on se baigne ensemble, on déconne ensemble… Multiplication des poissons et baptêmes collectifs. Les vieux sont en rattrapage et nous on en profite. Papa a découvert l'océan, pour la première fois à vingt ans en menant des gosses en colo à Pornic. Mamie bien plus tard quand Papa l'amena avec nous en vacances à la mer. « Je ne pensais pas que c'était si grand ! » a-t-elle dit… Alors, « on la réchauffe de baisers ».

Mais avant de vous parler de la mer, faut bien que je vous l'avoue, il y avait la misère quotidienne… Le bonheur, ça se mérite. Comme je n'étais pas un héros en orthographe, Papa s'équipait chaque année, avant le départ, d'annales de français. C'est le nom qu'on donnait aux cahiers de vacances en ce temps-là. Il se sentait pousser des ailes de pédagogue, l'été venu. Il ramassait tous les gosses qui traînaient par là, les cousins, ma sœur Pascale, Danièle, la fille adoptive de Papy et Mamie, Henri, le fils des fermiers, Luc… La table de la cuisine devenait ainsi une grande classe unique et en fonction de notre âge, nous étions autorisés à arrêter la dictée plus ou moins tôt et à bien la relire pour chercher nos fautes… C'est pas juste, mais les filles étaient toujours meilleures et elles pouvaient aller jouer avant d'aller à la mer. Pendant ce temps, nous les mecs on se tapait du Bled, du Bescherelle et des mots à copier dix fois. Alors les Hugo, Pergaud, Pagnol, Daudet et compagnie, franchement, ils nous emmerdaient vraiment. Est-ce que j'écris pour qu'on colle plus tard des dictées aux gosses, moi ? Assurément, ils étaient meilleurs dans les adaptations cinématographiques…

Ensuite, il tenta de m'apprendre à nager… Là encore, il fut mis en échec. Je ne parvenais pas à lâcher prise, à ne plus sentir mes pieds sur le sable et à l'idée d'avaler de l'eau salée. Alors pour mon malheur, il tomba sur un tract des CRS. Oui, je dis bien, un tract des CRS !!! Ceux-là mêmes qu'on traitait de SS dans les manifs. Maudits soient les offices de tourisme avec leurs informations en tous genres… Les CRS étaient aussi les anges gardiens des plages. En plus de la surveillance, un malin avait décidé d'apprendre à nager aux pauvres gosses comme moi… Alors tous les matins, dans une mer à 16 °C, il fallait faire des longueurs et des longueurs sur la plage de Cap Coz que je maudissais. Papa avait même tenté de m'expliquer qu'il connaissait un gardien de la paix de gauche, qu'il fallait bien casser sa croûte et que leur rôle social n'était pas à négliger… Les voir causer, les deux sur la plage, sous la pluie alors que je faisais des longueurs et que je sortais en grelottant au bout de trente minutes… J'aurais aimé que ma mère fût là pour faire cesser cette torture policière, séance tenante. Et dire qu'on louait mes progrès. Élu municipal, je n'ai pas oublié le rôle éducatif de la police et j'ai toujours encouragé le rapprochement des officiers de paix avec les jeunes. Par contre, j'ai voulu moi-même apprendre à nager à mes enfants et j'ai tenté de ne pas leur coller de dictées en vacances. Je tenais ma revanche sur l'enfance… On ne saura jamais vraiment le rôle que jouèrent ces dictées dans ma vocation d'instituteur, laïque, public, gratuit et républicain… « Y a tant de larmes et de sourires à travers toi », toi ma mémoire…

Après, je dois bien l'avouer, c'était rendez-vous « bonheur ». En vacances, on avait la pêche. Pour Maman c'était pêche à pied. Je suivais volontiers aux grandes marées pour ramasser les moules ou les bigorneaux, trois bouquets à l'occasion dans les flaques des rochers. Puis il y eut la folie des coques et des palourdes et là je dois dire que j'ai moins aimé… Un con lui avait fait découvrir une vasière qui te faisait des pêches miraculeuses. Pour ça, il n'avait pas menti… Mais la vasière, pour ceux qui ne connaissent pas… Ça pue. Et puis vous vous enfoncez jusqu'aux genoux dans une boue gluante qui vous colle à la peau et aux narines une journée durant… Et dire qu'on vend ça aux bourgeois dans les thalassos… Bon, reconnaissons-le, les palourdes, c'est pas dégueulasse… Juste, je n'aimais plus les grandes marées… Mon truc à moi, c'était les crabes. J'avais ma spécialité. Mon parrain était armé jusqu'aux dents dans sa tenue de plongeur, comme James Bond devant Ursula Andress, pour flinguer les vieilles dans les rochers… Je vous ai déjà raconté ça et moi je vous récupérais une tête de poisson mort bien enfermée dans son plastique hermétique que je laissais « vivre » deux ou trois jours au soleil au fond de la prairie. J'avais investi dans une nacelle… À quai, je jetai ma nacelle avec mon poisson dedans et je faisais fuir les touristes… Une fois dans l'eau, on attendait cinq minutes parce que le dormeur, ça ne marche pas vite et on levait. Alors là, les vacanciers, ils revenaient en nombre à mes côtés et je crânais. J'aurais pu faire commerce ! Étrangement, par contre, je ne les convertissais pas forcément à cette pratique malodorante. « Y a tant d'amour, de souvenirs, autour de toi, » toi ma Maman…

Et puis, après le repas de midi et la sieste, c'était l'instant tant attendu avec la plage et le grand large. Pour bateaux, on avait des matelas, des bouées et des chambres à air recyclées. On y a passé des heures avec les cousins… À courir et à se jeter dans les vagues, à regarder les voiliers qui flottent dessus et les poissons qui nagent dedans. On ramasse une étoile de mer qu'on va faire sécher et des coquillages qui feront des colliers… « C'est un peu notre dernier cadeau ».

La Bretagne a ça de merveilleux qu'elle nous offre une variété de paysages absolument uniques au monde. On passe de la zone dunaire aux petites criques à l'abri du vent, au port de pêche accroché à un quai jeté en mer. Pour moi, le bonheur, c'était Beg Meil. Cette crique qu'il fallait mériter était cernée d'enrochements posés là depuis des millénaires et je m'y sentais bien. La voiture garée, nos sacs à l'épaule, nous traversions une pinède qui embaumait sous le soleil estival. Je prenais plaisir à marcher pieds nus sur les aiguilles de pin, à ramasser une pomme et à regarder la sève couler des arbres. Toutes les pinèdes de ma vie me ramènent à Beg Meil, que je sois en Gironde, à Saint-Rémi ou bien sur l'île de Ré. « Et tous les hommes ont eu si chaud sur les chemins de grand soleil ».

On en a fait des châteaux en Bretagne… Avec des douves pourtant tellement profondes, que la marée emportait à tous coups. C'est là que j'ai remporté le tour de France avec mes billes. Et puis on s'est couverts de sable après que Maman nous ait barbouillés de crème dans le dos, la casquette sur la tête pour éviter l'insolation. Parfois, on a passé de longues minutes à regarder les voiliers et à voir voler les mouettes, allongés comme les grands sur la natte en paille. On a aussi mangé tant et tant de sablés bretons pour nous remettre, couverts dans la serviette à la sortie d'un bain, la peau un peu bleue du froid maritime. On a joué au foot et aux raquettes, on a empiété sur la serviette des voisins et on s'est arrosé copieusement. Les vieux montraient l'exemple et ça nous plaisait de les voir faire les cons le soir en se faisant des lits en portefeuille avant un tournoi de belote… « C'est drôle on ne se sent pas tristes près du grand lit de l'affection. »

Alors je me souviens de la mer, promesse du large et corne d'abondance, et je peux dire avec toi, toi le grand Charles que « Jamais, jamais, tu ne nous quitteras. »

NB : le grand Charles pour moi c'est Aznavour, mais là, « je vous parle d'un temps que les moins de vingt ans ne peuvent pas connaître. »

33. Je me souviens… Du 14 juillet et d'un sentiment national naissant…

Se sentir à l'unisson… [6] Voilà une affaire compliquée, écouter Tosca de Puccini ou bien Le Messie d'Haendel, ça vient sur le tard. Pleurer avec la salle de cinéma devant le Dictateur de Chaplin aussi… Il y a des moments où l'on se sent à l'unisson du Monde, ces moments sont malheureux ou bien heureux. Je me souviens exactement de l'endroit où je me trouvais le XI IX 2001[7], quand on s'attaqua à New York. Je me souviens de la place Tien Anmen, de Fukushima, de la Moneda, mais aussi de Rostropovich au pied du mur de Berlin et de Mandela portant une coupe du Monde dans un stade multicolore… Je fus à l'unisson des Français marchant entre République et Nation pour dire qu'on était tous un peu Charlie. Je fus une fois, honteux de mon pays un soir d'avril que je ne voudrais jamais revivre… Je fus aussi tellement fier quand on posa en mai une rose sur la tombe de Jaurès ; un soir de juillet, quand on leva tous un peu, une coupe du Monde qui était black, blanc, beur… aux couleurs de ma jeunesse ! J'ai fêté le bicentenaire de la Révolution française à Paris aux côtés d'amis allemands ! Ce

---

[6] Ce texte a été écrit quelque temps avant le malheur niçois, on conçoit plus encore aujourd'hui combien l'idée d'unisson est une quête universelle.

[7] XI IX, c'est ainsi qu'est évoquée la funeste journée du 11 septembre par les New Yorkais.

sont des instants rares où vous sentez votre colonne vertébrale trembler, des larmes couler, une émotion indicible, comme une évidence... Vous vous découvrez homme parmi les Hommes, en communion avec votre Pays ou avec le reste du Monde... On est en droit de se demander d'où vient ce sentiment de faire un avec les autres...

Alors, je me souviens... Des feux d'artifice, des retraites aux flambeaux et des bals du 14 Juillet quand j'étais gosse. Vers la fin de l'année, on étudiait en leçon d'histoire, la Révolution française. J'aimais, car ça sentait la Justice, la Liberté, l'Égalité et la Fraternité. La révolte aussi... C'était le printemps et ça laissait à penser aux vacances d'été approchant. On nous parlait de Déclaration des droits de l'Homme et on nous disait que c'était français et universel. Et ça me plaisait... Être un enfant de la Patrie des Droits de l'Homme, franchement, c'est bien ! Papa et Maman nous rappelaient ça où qu'on soit ce fameux soir d'été... Et là, je sentais l'unisson. On a tous en mémoire cette photo de Willy Ronis, 14 juillet 1936, un million de manifestants dans les rues de Paris, le père porte une casquette sur la tête et sa fille sur ses épaules. Ensemble, ils lèvent le poing dans la foule. Elle ne s'appelle peut-être pas Marianne, mais elle porte le bonnet phrygien !

Je n'ai jamais raté un 14 juillet, où que je sois. Si nous ne partions pas en vacances ce mois-là, je me souviens que mon grand-père me faisait regarder, à la télé, le défilé à Paris devant le Président de la République. Je visitais Paris en observant des légions de soldats marcher au pas... J'écoutais cette musique militaire avec un certain détachement et je chantonnais la Marseillaise. Ça plaisait à mon grand-père. On dira que ça faisait partie du folklore et qu'il fallait bien qu'on se défende... Le soir, nous irions voir le feu d'artifice, on partirait de « bonheur »... Pour se rendre au canal à Saint-

Quentin… Car les feux, ça se reflète dans l'eau en plus de faire du bruit et de vous enchanter…

J'ai vu des feux d'artifice exceptionnels, à Chantilly, à Paris ou bien à Cannes, qui duraient une éternité avec force boucans et bouquets variés, embrasements de cité comme à Carcassonne… Rien ne vaut le feu d'artifice du 14 juillet d'où qu'il soit tiré. Il y a trois ans avec ma compagne, nous avons vécu un incroyable 14 juillet à Fouras, juste avant que Maman ne tombe malade. Le feu est donné dans cette belle ville charentaise, côté océan… Nous avons fait le drôle de pari de nous installer sur le sable, côté continent. C'est ainsi qu'en plus du bruit et des lumières de Fouras, nous nous délectâmes à l'idée des hourras des enfants depuis La Rochelle, jusqu'aux plages de Vendée, une trentaine de feux à admirer et de bonheurs devinés au même moment… Nous étions tous les deux loin de la foule et pourtant tellement en communion…

Car, le délice du feu d'artifice vaut une préparation, une atmosphère, comme dirait Arletty ! Qu'on soit à Creil, dans le Val de Loire ou bien sur l'île d'Oléron, on quitte tôt la maison après le repas pour voir tomber la nuit et trouver une bonne place. Chacun a son idée sur la question ! On va à pied aux côtés d'autres badauds. Une procession fourmilière s'installe. Si on est chez soi, on croise amis ou voisins. On va faire le chemin ensemble et parler de l'été. On évoque l'étape du tour, la canicule ou les fraisiers qui donnent comme jamais. « Il paraît que cette année le maire a commandé un son et lumière. C'est une première ! » Le frais arrive, la foule bruisse de chuchotements et de complicités partagés. La communion est déjà là, présente. On entendra un enfant pleurer. On regardera sa montre. On attendra sur l'herbe ou sur le sable. Les vieux ont leur pliant. Le frais s'installe maintenant avec la pénombre. Le soleil s'est couché, il nous a offert un beau spectacle sur la plage de Cap Coz… Des jeunes font claquer des pétards, une dame assez hautaine voudrait qu'on interdise ça... En Bretagne, on a apporté son pull pour faire face au petit vent qui nous rafraîchit un peu trop... Ce 14 juillet, c'est comme le gâteau d'anniversaire de la ville ou du village. Nous allons être des centaines, des milliers, des millions, à attendre, ensemble, pour souffler, applaudir et crier aux bouquets et aux lumières qui nous sont offerts !

Une fois, nous ne sommes pas partis à la mer l'été. Papa et Maman devenaient propriétaires. Fallait payer les traites, c'était trop difficile. Nos oncle et tante nous ont prêté une maison de campagne au cœur de la Picardie. Ce furent aussi de belles vacances ! Je découvris la retraite aux flambeaux derrière la fanfare municipale. Quel bonheur simple et merveilleux ce fut pour nous, enfants, de défiler avec notre petite lanterne à la nuit tombante dans les rues du village pour nous rendre sur les lieux du feu d'artifice derrière la fanfare municipale. Comme le tour de France, c'est un des rares spectacles gratuits qu'on donne en partage à tous, du plus jeune au plus ancien, du plus pauvre au plus aisé. Une histoire populaire comme le bal qui va venir ensuite...

Il fait nuit cette fois, on a applaudi à tout rompre au bouquet final qui était assurément plus beau que l'an passé. Alors il faut donner la main aux parents. On va écouter les flonflons du baloche. Un groupe nous chante l'air du temps du haut d'un podium posé là par la Ville. On y voit des pompiers. On nous offre un rafraîchissement. Nos parents regardent les jeunes danser en nous tenant la main. On reste un peu, on s'assoit à une table avec des amis ou la famille. Et puis il faut bien ramener les enfants ! Il est plus de minuit et on commence à bâiller... On est en 1973, la chanteuse du groupe en a fini avec *Parole, parole* de Dalida et elle reprend *Une chanson populaire* de Claude François. Alors on reste encore un peu. Promis c'est la dernière !

On se traîne sur la route du retour pour faire durer le plaisir de cette nuit fraîche au cœur de l'été. Et on a des étoiles plein la tête au moment de dormir. Demain, nous irons sûrement à la mer. Un pays en fête, et nous en communion avec cet autre que l'on ne connaît pas, mais qui partage et savoure comme nous l'instant présent au nom de l'histoire !

Je me souviens des 14 juillet, au cœur de l'été. Le Pays qui vous donne un rendez-vous, un peuple qui se rassemble…

34. Je me souviens… Qu'ils ont marché sur la Lune !

Je suis né durant une drôle de guerre… Pas la Drôle de Guerre, la Guerre froide. Avec l'arme nucléaire, les deux blocs ont joué les gros bras et ça s'est passé bizarrement. Il y avait des espions et on regardait des films là-dessus. On nous faisait peur aussi avec des envahisseurs extra-terrestres qui étaient censés représenter l'Empire soviétique. Ensuite, on se faisait la guerre dans les pays qu'on appelait du Tiers-Monde à l'époque. Papa me disait « Jean, tu te rends compte, je n'ai jamais connu le Vietnam en paix depuis que je suis né ». C'est dur, mais je pourrais dire avec lui et mon cousin Yoram la même chose pour Israël… Pourtant, il y en eut des Hommes de bonne volonté… Alors les Chiliens ne pouvaient pas avoir un Président socialiste sans que la CIA mette son nez. Les Allemands de l'Est devenaient fous dans un pays fliqué. Le Cambodge jetait les Américains dehors et massacrait à qui mieux mieux les opposants. On inventait les « boat-people », mot anglais pour désigner des miséreux en fuite sur les mers, secourus par des médecins français sans frontières. Il y eut aussi le truc du sport, on se dopait à l'occasion pour montrer qu'on était les plus forts, question « développement humain ». Je me souviens des étudiants américains qui gagnèrent un match épique sur les Russes en hockey sur glace à l'occasion de Jeux olympiques d'hiver. Enfin, il y eut la conquête de l'espace, cette Nouvelle Frontière définie par Kennedy.

J'ai vécu une époque de grands mythes. Icare allait voler et peut-être voir ses ailes fondre au soleil… En fait, nos rêves les plus fous pouvaient se concrétiser… J'avais lu Tintin et je le voyais en vrai sur la Lune ! C'en fut même fâcheux, ce truc de lire des choses pas possibles et de les voir se réaliser sous nos yeux… De quoi perdre la boussole… Je lis Blake et Mortimer, enfant. Le méchant Olrik est tellement méchant avec ses armes de destructions massives, ses attaques de cités et ses armes chimiques que ça me rassure. C'est trop énorme ! Patatras… Voilà qu'on me dézingue des tours à New York, la fiction rejoint la réalité. Mon grand-père avait lu un livre avec lequel il me serinait tout le temps *Quand la Chine s'éveillera* d'Alain Peyrefitte, qui avait été plein de fois ministre… On allait voir ce qu'on allait voir. On n'a pas vu tout à fait la même chose, mais on voit en effet de drôles de choses… Alors comme Claude Berri fait dire à Michel Simon dans *Le Vieil Homme et l'Enfant*, « 14-18, Front populaire, la Débâcle, l'Occupation, la Libération, ah là là ! Quel naufrage ! Vivement la mort que je te retrouve ! Ah, les Hommes sont fous ! Tu comprends, je ne comprends plus rien à rien ici… Hier c'était les Boches, aujourd'hui c'est les Nègres américains, après ce sera les Jaunes… La France va devenir une colonie, bientôt on voudra aller dans la Lune ! Ah ! Les Hommes sont fous… Ah ! Petit bonhomme tu sais, il faut pas t'en faire avec les juifs… Ils peuvent pas être plus méchants que les autres, hein ? » Je comprends moi aussi, avec mon grand-père, que les rêves comme les cauchemars peuvent prendre corps…

Mais, Jean, recentre-toi ! Arrête avec tes digressions, sans cesse !

Oui, bon, alors je me souviens des missions Apollo et du Spoutnik… On m'a raconté que les Russes ont d'abord envoyé une petite chienne faire des tours au-dessus de nos têtes… Et puis, il y eut ce grand héros de l'Espace, Youri Gagarine. J'ai connu des enfants prénommés Youri. On a même bâti en France des cités en son honneur ! Je suis allé plus tard voir une expo à la MJC, avec la maîtresse, à Montataire. Les vaisseaux étaient reconstitués, on découvrait l'entraînement du cosmonaute et comment il vivait à bord d'une fusée en apesanteur. J'en ai fait des dessins d'expéditions intersidérales ! On ne pensait pas aux guerres... Et puis, il y eut les missions Apollo. J'ai appris à compter à l'envers avec les missions Apollo, j'avais quatre ou cinq ans. Pour rien au monde, je n'aurais raté à la télé le décollage d'une fusée ou l'amerrissage de la capsule. Alors, il y eut ce soir de juillet 69. L'été ne fut pas qu'érotique, il était simplement lunaire ! Suivre la descente du module, la voix du commentateur qui nous angoissait comme pas possible... « Un petit pas pour l'Homme, un grand pas pour l'Humanité ». Et voir ces deux-là qui sautaient sur la lune mieux que moi en récré ! La Terre entière devenait héroïque aux côtés de Neil et Buzz ! Dans tous les greniers de France on doit pouvoir retrouver un exemplaire du *Paris-Match* d'après le 16 juillet. Tout était possible et on ne doutait plus de rien, de la fin de la faim dans le Monde, de l'éradication des maladies et du « Peace and Love »... Bon après, on a un peu déchanté... Papa, comme des centaines de milliers d'hommes, photographia la télévision ! Il ne pensa pas que le flash saturerait les images en noir et blanc. Alors dans notre album photo de famille je retrouverai un jour une image de la télé dans la salle avec un écran noir et une légende du genre « le moment où le premier homme marcha sur la lune ». Ils ont ramené des cailloux et ça nous paraissait vachement énorme. On savait tous la différence entre un astronaute et un cosmonaute... Pendant ce temps-là, nos pauvres gars attendaient en quarantaine de retrouver leur famille. Christophe Colomb, en mieux, suivi par le monde entier... Après, il y aura les super-héros d'Apollo XIII qui m'empêcheront de dormir tant la peur fut grande qu'ils soient perdus dans le vide intersidéral. On fera aussi rouler des engins. Je ne décrocherai jamais de cette passion...

J'étais jeune enseignant quand on envoya les navettes dans l'Espace. Ce ne fut pas compliqué d'intéresser mes élèves, mais quel malheur ce fut pour moi de voir, la navette exploser avec ma collègue enseignante et tout le personnel à son bord. Une page se tourna, irrémédiablement. Je n'oubliais pas qu'à la place d'une guerre on m'offrit du rêve et une Nouvelle Frontière comme l'Ouest de mes westerns sans avoir, cette fois, massacré des Indiens…

Si les rêves prennent corps, puisque je me souviens qu'ils ont su décrocher la Lune et que j'ai grandi la tête dans les étoiles, pour donner sens à notre fantastique parcours de mémoire, je vous invite à partager un rêve aux côtés du pasteur Martin Luther King, Grand Homme parmi les Grands !

Je fais le rêve qu'un jour sur les hauteurs de Bethléem, juifs, musulmans et chrétiens, tous nés du même Père, retrouvent le bonheur de s'embrasser à la table de la Fraternité.

Je fais le rêve qu'en Syrie, en Afghanistan ou au Mali, dans tous les pays de guerres et d'oppressions, les enfants retrouvent le chemin de l'école et grandissent dans la Paix et les soins.

Je fais le rêve que dans les plaines et les montagnes d'Europe, un idéal de solidarité, de justice et d'égalité prenne le pas sur les intérêts particuliers et l'argent.

Je fais le rêve que dans mon Pays, mes enfants voient un jour notre Nation dirigée par une femme ou un enfant d'immigré simplement parce qu'on leur aura laissé la chance de démontrer leur valeur et leurs qualités.

Je fais le rêve que les modèles de développement humain se feront en harmonie avec la nature dans le respect du patrimoine qui nous est légué.

Je fais le rêve que chacun aura droit demain à un travail utile à l'Homme et qu'il pourra manger à sa faim et bénéficier d'un toit en toute sécurité.

Car je me souviens que tout est possible et que le Monde deviendra ce en quoi tu crois vraiment.

Et puis je me souviens encore qu'ils sont bien parvenus à marcher sur la Lune… Alors… Souvent, je me prends à rêver, et tranquillement je tente de faire ma part en participant à rendre le Monde meilleur, simplement, autour de moi, en conjuguant, comme on vient de me l'écrire hier, au « singulier universel », le verbe : Aimer la vie…

Ils ont accompagné le roman de mon enfance :

En image :

Par ordre d'apparition, Matisse, Van Gogh, Brueghel, Willy Ronis.

Au cinéma :

Le train sifflera trois fois, Fred Zinnemann, 1952, Stanley Kramer Productions.
L'homme tranquille, John Ford, 1952, Republic Pictures.
L'aile ou la cuisse, Claude Zidi, 1976, Les Films Christian Fechner.
Le livre de la jungle, Wofgang Reitherman, 1967, Walt Disney Pictures.
La bataille du rail, René Clément, 1945, Coopérative du cinéma français.
Cendrillon, Clyde Geronimi, Wilfred Jackson et Hamilton Luske, 1950, Walt Disney Pictures.
Fort Alamo, John Wayne, 1960, The Alamo Company.
Quo Vadis, Mervyn LeRoy, 1951, Metro-Goldwyn-Mayer.
La ruée vers l'or, Charlie Chaplin, 1925, United Artists.
La traversée de Paris, Claude Autant-Lara, 1956, Continentale Produzione et Franco London Films.

La belle et la bête, Jean Cocteau, 1946, DisCina.

Les parapluies de Cherbourg, Jacques Demy, 1964, Parc Film, Madeleine Film, Beta Film.

La grande illusion, Jean Renoir, 1937, RAC.

Les aristochats, Wofgang Reitherman, 1970, Walt Disney Pictures.

L'armée des ombres, Jean-Pierre Melville d'après Joseph Kessel, 1969, Les Films Corona, Fono Roma.

Exodus, Otto Preminger, 1960, Otto Preminger Films Carlyle Productions.

Le père tranquille, René Clément, 1946, BCM.

L'aveu, Costa-Gavras, 1970, Films Pomereu.

Les raisins de la colère, John Ford, 1940, 20 th Century Fox.

Les Vikings, Richard Fleischer, 1958, United Artists.

Les révoltés du Bounty, Lewis Milestone et Carol Reed, 1962, MGM.

Sacco et Vanzetti, Gian Montaldo, 1971, Jolly Films.

7 morts sur ordonnance, Jacques Rouffio, 1975, Belstar Productions, Films 66.

Que la fête commence, Bertrand Tavernier, 1977, Production Michelle de Broca et Yves Robert.

Star Wars, George Lucas, 1977, Lucasfilm.

Les aventures de Rabbi Jacob, Gérard Oury, 1973, SNC, Films Pomereu.

Ni vu, ni connu, Yves Robert, 1958, Champs-Élysées Production.

Jésus de Nazareth, Franco Zefirelli, 1977, Production Lew Grade et Vincenzo Labella.

Cousin cousine, Jean-Charles Tacchella, 1975, Films Pomereu.

Rien à déclarer, Dany Boon, 2011, Les productions du ch'timi.

Les vacances de Monsieur Hulot, Jacques Tati, 1953, Production Fred Orain.

Les choses de la vie, Claude Sautet, 1970, Lira Films, Sonocam, Fida Cinematografica.

Mais où est donc passée la 7e compagnie ?, Robert Lamoureux, 1973, Gaumont.

James Bond 007 contre Dr No, Terence Young, 1962, EON Productions.

Le Dictateur, Charlie Chaplin, 1940, Charles Chaplin Productions.

Hôtel du Nord, Marcel Carné, 1938, production Impérial Film SEDIF.

Le Vieil Homme et l'Enfant, Claude Berri, 1967, Production André Hunebelle, Paul Cadéac.

Mais aussi par ordre d'apparition, Steven Spielberg, Pagliaccio, Yves Montand, Simone Signoret, Guy Bedos, Lino Ventura, Catherine Deneuve, Marilyn Monroe, Jean Gabin, Louis De Funès…

En lecture :

Cyrano de Bergerac, Edmond Rostand, 1897, Bordas.

La guerre des boutons, Louis Pergaud, 1912, Mercure de France, 1940, Le livre de poche.

Fables, Jean de La Fontaine, 1668-94, illustrées par Benjamin Rabier, chez Tallandier.

Pêcheur d'hommes, Maxence Van der Meersch, 1940, au livre de poche.

Un poilu de la forêt d'Argonne, E. Deliège, 1916, Librairie Geldage.

Guide pratique de la ménagère, 1800 recettes avec la manière d'accommoder les restes, Blondeau Chef de Cuisine, 1929 ? A. Leconte-Editeur.

Le blé en herbe, Colette, 1923, Flammarion.

L'étranger, Albert Camus, 1942, Gallimard.

L'appel de la forêt, Jack London, 1903, Macmillan.

Premier de cordée, Roger Frison-Roche, 1941, Arthaud.

Pour l'école du peuple, Célestin Freinet, 1969, Maspero.

Matière à rire, Raymond Devos, recueil de sketches, 1991, Orban.

Œuvres complètes, Victor Hugo, Bibliothèque de la Pléiade.

La Cause des enfants, Françoise Dolto, 1985, Robert Laffont.

Œuvres complètes, Hergé, Casterman.

Œuvres complètes, Jacques Martin, Casterman.

Œuvres complètes, Edgar P. Jacobs, Le Lombard.

Entracte, André Julliard, 2006, Galerie Daniel Maghen.

Le français par l'usage et images et récits d'histoire, J. Ageorges et J. Anscombre, 1964, MDI.

Sur les murs de la classe, Cavanna, 2003, Hoëbeke.

Nos histoires de France, Daniel Picouly, 2011, Hoëbeke.

Le Larousse des noms communs et des noms propres, édition 1963.

Germinal, Émile Zola, 1885, Bibliothèque G. Charpentier.

Brèves de comptoir, Jean-Marie Gourio, dates de parution 1987-2013, Robert Laffont.

La deuxième gauche, Patrick Rotman et Hervé Hamon, 1984, Le Seuil.

La Traduction œcuménique de la Bible (TOB), 1975, éditions du Cerf.

Indignez-vous !, Stéphane Hessel, 2010, Indigène éditions.

Jean-Pierre Besse était l'un des principaux responsables de la nouvelle série du *dictionnaire Maitron* et il assurait la direction scientifique du Dictionnaire des fusillés et exécutés. Parmi les plus récents, citons : *les fusillés, répression et exécutions pendant l'Occupation* (Éditions de l'Atelier, 2006) avec Thomas Pouty et *juin 1940, la négociation secrète* (Éditions de l'Atelier, 2006) avec Claude Pennetier. Dans l'Oise, Jean-Pierre Besse était président de l'Association nationale des anciens combattants et amis de la résistance (ANACR), président de l'Association pour la mémoire ouvrière et industrielle du bassin creillois (AMOI).

La paille et le grain, François Mitterrand, 1975, Flammarion.

Le Capital au XXIe siècle, Thomas Piketty, 2013, Le Seuil.

Vers la sobriété heureuse, Pierre Rabhi, 2010, Actes Sud.

Coffret de trois DVD, Coluche, *Ses plus grands sketches*, Tf1 Vidéo, 2002.

Les trois mousquetaires, Alexandre Dumas, 1844, Baudry.

Les mystères de Paris, Eugène Sue, 1843, Le journal des débats.

Le guide vert Bretagne, 1972, Michelin.

Les Forçats de la route, Albert Londres, article paru dans Le Petit Parisien du 27 juin 1924.

Le Tour de France en quatre et vingt jours, Antoine Blondin, 1984, Denoël.

Petit éloge du Tour de France, Eric Fottorino, 2013, Folio.

La Tranchée d'Arenberg et autres voluptés sportives, Philippe Delerm, 2007, Panama.

L'aigle sans orteils, Lax, 2005, Dupuis/Aire Libre.

Le Seigneur des anneaux, J. R. R. Tolkien, 1972-73 pour la France, Christian Bourgois.

Le merveilleux voyage de Nils Holgersson à travers la Suède, Selma Lagerlöf, 1907, paru chez Perrin en 1912.

La gloire de mon père, Marcel Pagnol, 1957, Pastorelly.

Lettres de mon moulin, Alphonse Daudet, 1869, Hetzel.

Quand la Chine s'éveillera, Alain Peyrefitte, 1973, Fayard.

En musique :

Jean Ferrat, *La Montagne*, album, 1964, Label Barclay.

Daniel Guichard, paroles de Michelle Senlis, (1963), *Mon vieux*, interprétation 1974, Label Barclay.

Paul Brousse, *Le drapeau rouge*, 1877.

Enrico Macias et Jacques Demarny, *Les gens du Nord*, 1967, Label Pathé Marconi.

Berthe Sylva, paroles de Charles-Louis Pothier, *Les roses blanches*, 1925.

Fréhel, paroles d'Ernest Dumont, *Du gris*, 1923.

Maxime Le Forestirer*, Né quelque part*, 1987, Label Polydor.

Marie Laforêt, *Viens sur la montagne,* 1966, Production Musidisc Europe.

Guy Béart, *La vérité*, 1968, disques Temporel.

Aristide Bruant, *Les Canuts*, 1894.

Michel Delpech, *Chez Laurette*, 1965, Label Barclay.

Michel Sardou, *La maladie d'amour*, 1973, Label Trema.

Stone et Charden, *Made in Normandie*, 1973, AMI Records.

Jean-Baptiste Clément, *Le temps des cerises*, 1866.

Jacques Dutronc, Jacques Lanzmann, *Il est cinq heures, Paris s'éveille*, 1969, Label Vogue.

C. Jérôme, *Kiss me,* 1972, Label Atlantic.

Michel Jonasz, Pierre Grosz, *Les vacances au bord de la mer,* 1975, Label Atlantic.

Michel Fugain, *Une belle histoire*, 1972, Label CBS.

Il était une fois, *J'ai encore rêvé d'elle*, 1975, Label Pathé Marconi.

Charles Aznavour, *La Mamma*, 1964, Label Barclay.

Dalida, Leo Chiosso et Giancarlo Del Re, *Parole Parole*, 1972, Label PDU.

Claude François, Nicolas Skorsky, *Une chanson populaire*, 1973, Disques Flèche.

Mais aussi, par ordre d'apparition, Edith Piaf, Maurice André, Michel Legrand, Dizzy Gillespie… Le *Te Deum* de Charpentier, les valses de Richard Straus… Les groupes Quilapayun et Djudjura… John Lennon… Tino Rossi… Joan Baez… Jacques Brel, Yves Montand, Nana Mouskouri, Moustaki, Gréco, Mouloudji, Théodorakis… Yvette Horner… Un bagad et des sonneurs au choix… Tosca de Puccini, *Le Messie* d'Haendel… Bach interprété par Rostropovich…

Des magazines et de la presse :

Panini (les albums d'images), France-Dimanche, Marie-Claire, Télérama, Nous deux, l'Oise Matin, Jour de France, Pilote, Pif Gadget, Témoignage chrétien, La vie catholique, Bayard Presse, Le Nouvel Observateur, Le Canard enchaîné, Miroir du cyclisme, Paris Match.

TABLE DES MATIÈRES

AUTOMNE

Je me souviens de la rentrée des classes, un rendez-vous avec la vie… 15

Je me souviens… Des bâtiments roses, quartier des Martinets, drôle de nom pour une ville rouge ! 19

Je me souviens… De la Motobécane et du courage qu'il fallait à nos pères pour aller gagner leur croûte… 25

Je me souviens… De la boucherie chevaline Dubois, lieu de bonté et de vérité. 30

Je me souviens que j'avais les pieds plats, et qu'il fallait marcher droit… 35

Je me souviens… Du classement, et de mes premières questions sur l'égalité et la justice… 40

Je me souviens… De la Toussaint et d'autres instants qui construiront ma culture d'homme du Nord. 46

Je me souviens de la Saint-Nicolas. 50

HIVER

Je me souviens… De mon train électrique et de la SNCF…55

Je me souviens… Qu'ils avaient fait de la JOC ! 58

Je me souviens… De la pièce de cinq francs en argent… Et d'un monde inversé… 62

Je me souviens avoir eu peur sur le chemin de l'école. 66

Je me souviens qu'ils savaient raconter leur légende, mais aussi taire tant de souffrances… 71

Je me souviens du ballon rond et des stades. 76

Je me souviens… De la classe de neige et d'une école autrement. 80

Je me souviens… Des dossiers de l'écran et de l'ORTF. 86
PRINTEMPS
Je me souviens… Des Chiliens et de la maison des jeunes et de la culture. 91
Je me souviens… Qu'on jouait à la récré… À apprendre à vivre ensemble ! 94
Je me souviens… Tintin. 100
Je me souviens… De Monsieur Ageorges, mon maître ; à l'origine d'un succès d'édition bien malgré lui. 103
Je me souviens… Du pâté de lapin et d'une vie simple partagée par ma grand-mère. 108
Je me souviens… D'un grand pêcheur devant l'Éternel !.. 113
Je me souviens… Du centre aéré et de l'art de nourrir les gamins… 118
Je me souviens… Du caté, de la communion et de tout le tremblement… Peut-être la naissance d'une culture œcuménique ? 123
Je me souviens… Des délégués au comité d'entreprise comme des Indiens dans la Vallée des Peaux rouges… 129
Je me souviens… Du café du Centre à Aulnoye, comme d'un espace de fraternité. 134
Je me souviens qu'ils étaient socialistes ! 139
ÉTÉ
Je me souviens… Du départ en vacances dans la 4L verte… Une nouvelle façon de découvrir la vie… 147
Je me souviens… Des vacances à la ferme en Bretagne, comme une autre façon d'appréhender le monde… 153
Je me souviens… De José Catieau, un anonyme parmi les légendes du tour de France… 159

Je me souviens… Des vacances d'été, un mois sans télé !. 163

Je me souviens… De la mer, promesse du large et corne d'abondance, comme d'un espace de paix. 168

Je me souviens… Du 14 juillet et d'un sentiment national naissant… 173

Je me souviens… Qu'ils ont marché sur la Lune ! 178

Récits, Mémoires, Témoignages
aux éditions L'Harmattan

Dernières parutions

LES CAHIERS D'IDA
Mémoires d'une jeune femme juive, de la Pologne à la France dans la première moitié du XXᵉ siècle
Ida Spitzberg
Traduit du yiddish par Jean Spector
La voix de sa grand-mère Ida c'était le yiddish ; en lui remettant ces cahiers, écrits semble-t-il d'une traite et sans ponctuation, son petit-fils, Daniel Haber, croit avoir compris qu'Ida, cachée à Varenne, en 1944, son mari déporté, recherchée sans cesse par les polices française et allemande, avait été saisie par une sorte d'urgence d'écrire tout ce qu'elle pouvait avant d'être arrêtée. Grâce à cette traduction son passé redevient héritage, un dernier cadeau inestimable.
(22,5 euros, 272 p., octobre 2014)
EAN : 9782343030203 EAN PDF : 9782336358376

CHEZ LA TARDIVE, UNE AMITIÉ INACHEVÉE
Régions : Auvergne, Champagne, Languedoc-Roussillon
Gérard Quesor
J'ai écrit ce livre pour oublier le regard que Pierre, mon copain d'enfance, m'a adressé du fond de son lit d'hôpital où je lui rendais une visite longtemps différée. Je savais, et il ne l'ignorait sans doute pas lui aussi, que c'était une des dernières. Tous deux fils de la guerre nous resterons amis jusqu'à sa mort dramatique.
(Coll. Graveurs de Mémoire, série Récits de vie / France, 25 euros, 304 p., octobre 2014)
EAN : 9782343040875 EAN PDF : 9782336358864

GRANDEURS ET SERVITUDES SCOLAIRES
Itinéraire passé et réflexions présentes d'un professeur
Andrée Walliser
Comment l'évolution de l'enseignement en France, des lendemains de la guerre à nos jours, peut-elle être appréhendée à travers un parcours à la fois banal et singulier d'élève, d'étudiante et de professeur ? Une scolarité commencée dans une ville de province et poursuivie à l'Université de Strasbourg fait revivre une époque trop souvent idéalisée, puis, de nombreuses expériences pédagogiques en tant que professeur permettent d'élaborer une fresque contrastée du système éducatif.
(Coll. Graveurs de Mémoire, 20 euros, 208 p., octobre 2014)
EAN : 9782343043258 EAN PDF : 9782336358895

LES MASQUES SONT SILENCIEUX
Chronique familiale au fil du XXe siècle – Récit romancé
Martine Merlin-Dhaine
Ce récit romancé est l'histoire d'une famille du Nord de la France, sur trois générations, au travers des parcours de vie noués aux grands mouvements de l'Histoire qui ont marqué cette région. C'est Anne, enfant de cette lignée, qui questionne les absents pour tenter de suivre au plus près ces fragiles humains de bonne volonté ballottés dans les tourments du XXe siècle.
(Coll. Rue des écoles, 20,5 euros, 238 p., octobre 2014)
EAN : 9782343043586 EAN PDF : 9782336358994

DU MAQUIS CREUSOIS À LA BATAILLE D'ALGER
Albert Fossey dit François - De la Résistance à l'obéissance
Christian Penot
Préface de Laurent Douzou
Postface de Guy Pervillé
Nous découvrons ici le parcours atypique d'Albert Fossey. Destiné à la prêtrise, sa personnalité et la Seconde Guerre mondiale ont bouleversé son parcours. Engagé dès 1941 dans la résistance creusoise, il en devient chef militaire en 1944 et sera fait Compagnon de la Libération. Son entrée dans l'armée professionnelle remet en cause ses choix d'avant-guerre. Devenu officier parachutiste, il connaîtra tous les champs de bataille de l'Indochine à l'Algérie jusqu'à sa mort en 1958.
(Coll. Graveurs de Mémoire, 33 euros, 328 p., septembre 2014)
EAN : 9782343041742 EAN PDF : 9782336356716

ENTRE DEUX LONGS SILENCES
Récit
Galatée Dominique Hirigoyen
Au fil des pages de ses souvenirs d'adolescente solitaire, rêveuse et révoltée, l'auteure évoque la relation avec sa mère, rendue plus difficile par sa perte d'autonomie et son entrée tardive en maison de retraite, et celle avec son père, timide et réservé, dont la réminiscence est à la fois douloureuse et lumineuse. Elle met ainsi en avant la préoccupation partagée par de nombreux adultes qui doivent gérer la fin de vie parfois complexe de leurs parents.
(Coll. Rue des écoles, 24 euros, 292 p., septembre 2014)
EAN : 9782343042411 EAN PDF : 9782336356310

GILBERT PÉROL
Un diplomate non conformiste
Huguette Pérol
Si les écrits de Gilbert Pérol, ici réunis et présentés par son épouse, méritent de retenir l'attention, c'est d'abord parce que cet ambassadeur de France accomplit ses missions en un temps où se produisaient dans le monde de grands évènements, mais aussi parce que ce «diplomate non conformiste» était un homme libre, aussi exigeant envers lui-même qu'attentif et accueillant aux autres. Il contribua au développement des relations entre la Chrétienté et l'Islam. Son message reste d'une grande actualité.
(Coll. Graveurs de Mémoire, 30 euros, 312 p., septembre 2014)
EAN : 9782343038094 EAN PDF : 9782336353265

HISTOIRE DE MA VIE
Jacques Lonchampts
L'auteur se lance dans une aventure qu'il n'avait pas prévu : raconter sa vie. Qu'est-ce que j'ai réalisé dans mon existence ; comment en suis-je venu à gravir un à un ces degrés d'une renommée relative, cela passant par mon enfance, l'épreuve de l'adolescence, la chance de la Libération, l'aide des Dominicains, la protection d'Hubert Beuve-Méry, et une existence de travail monumental, doublée d'un sentiment de liberté complète. Cette vie ne peut-elle pas se résumer que par la joie et la reconnaissance ?
(17,5 euros, 138 p., septembre 2014)
EAN : 9782343040226 EAN PDF : 9782336355030

ITINÉRAIRE D'UN HARKI, MON PÈRE
De l'Algérois à l'Aquitaine - Histoire d'une famille
Michel Messahel
Durant cinq ans, l'auteur a collecté les témoignages de ceux qui ont connu, parfois en payant de leur personne, cette part d'ombre du XXe siècle : l'histoire des Harkis. Il s'est attaché à restituer la tragédie des siens, de la vie paisible de Borély-la-Sapie, petit village d'Algérie marqué par les traditions orales, jusqu'à l'arrivée en métropole, en passant par les événements tragiques de la guerre d'indépendance.
(Coll. Graveurs de Mémoire, 36 euros, 350 p., septembre 2014)
EAN : 9782343037387 EAN PDF : 9782336355979

J'AI TANT AIMÉ LA PUBLICITÉ
Souvenirs et confidences d'un publicitaire passionné
Bernard Moors
Derrière chaque campagne de publicité, il y a une histoire et des rebondissements que le public n'imagine pas. Dans cette autobiographie, Bernard Moors nous fait découvrir à travers de nombreuses anecdotes jusqu'ici restées confidentielles les dessous d'un métier qu'il a exercé avec passion.
(Coll. Graveurs de Mémoire, 12 euros, 98 p., septembre 2014)
EAN : 9782343039633 EAN PDF : 9782336354460

PETITES CHOSES SUR L'ÉCOLE
Mémoires et réflexions d'un enseignant
François Augé
Plus qu'un livre « sur » l'école, cet essai est un plaidoyer « pour » l'école. À la fois mémoires et réflexions sur l'avenir de l'École fondée par Jules Ferry, le texte explore trois piliers majeurs : d'abord les acteurs : enseignants, élèves, parents ; ensuite le système très français de l'Éducation nationale ; enfin le principe de laïcité, à la fois méconnu et bafoué, pourtant garant du triptyque « Liberté Égalité Fraternité ».
(Coll. Graveurs de Mémoire, 22 euros, 224 p., septembre 2014)
EAN : 9782343042022 EAN PDF : 9782336354958

POURQUOI ON JETTE LES ORANGES À LA MER COMME ÇA ?
Jean-Guillaume Coste
Dire «je» à la place de l'autre. Mon père est aveugle à la fin de sa vie. Pour l'occuper, mais aussi pour apprendre quelque chose de lui, je lui offre un magnétophone, des cassettes et lui demande de se raconter. En échange, je lui promets d'écrire

un livre. Il se prête au jeu et, quinze ans plus tard, je tiens ma promesse. Et je dis «je» à la place du père.
(Coll. Rue des écoles, 14,5 euros, 146 p., septembre 2014)
EAN : 9782343037035 EAN PDF : 9782336354125

LETTRES À RENÉ-JEAN
Bibliothécaire, critique d'art, et conservateur français
Jean Bergeron
Lettres choisies et présentées par Sylvie Maignan et Jean Bergeron
Après un début de carrière comme peintre et théoricien de l'art à Moscou, le peintre ukrainien Alexis Gritchenko arrive à Paris au début des années 20. Il s'intègre rapidement parmi les artistes de l'École de Paris et expose au Salon d'Automne. Là, il rencontre René-Jean, critique à *Comoedia* et par la suite au *Temps* puis au *Monde*. C'est le commencement d'une solide amitié. Dans un style vivant et coloré, ces lettres sont le reflet de la vie du peintre avec ses succès et ses aléas.
(Coll. Graveurs de Mémoire, 15 euros, 132 p., juillet 2014)
EAN : 9782343037295 EAN PDF : 9782336351575

CHRONIQUE DES ANNÉES 1940-1970
Une époque bien tranquille
Claude Rosales
Le bon sens populaire dit que nul n'est prophète en son pays. Jeune garçon, Claude Rosales était persuadé d'appartenir au pays où l'on vivait le plus heureux. La fin des années trente ne lui laissait augurer d'aucun événement important. Mais qu'en serait-il de la prochaine décennie ? En acceptant de le suivre, nous allons vivre (ou revivre) cette proche et relativement courte mais si importante période de notre histoire, qui a vu tant de si profonds bouleversements.
(Coll. Graveurs de Mémoire, 25 euros, 286 p., mars 2013)
EAN : 9782296966284 EAN PDF : 9782296530669 EAN ePUB : 9782336660332

J'IRAI DANSER RUE ROSSI
Parcours d'une danseuse du Brésil au Kirov sous l'ère soviétique
Suzanne Oussov
Paroles recueillies par Monique Panisset
À dix-sept ans, Suzanne Oussov quitte sa famille pour suivre des études de danse classique en Union soviétique. Rue Rossi, à l'école du Kirov, elle apprend pendant six ans la technique, la rigueur et la force de la méthode Vaganova. Mariée à un Soviétique, elle va connaître le quotidien de l'URSS des années soixante : appartement communautaire, pénurie de denrées alimentaires... Plus tard, elle s'oriente vers l'enseignement. Elle nous fait partager dans ce livre son parcours riche et mouvementé.
(Coll. Graveurs de Mémoire, 23 euros, 224 p., mars 2013)
EAN : 9782336293462 EAN PDF : 9782296531789 EAN ePUB : 9782336661469

L'HARMATTAN ITALIA
Via Degli Artisti 15; 10124 Torino
harmattan.italia@gmail.com

L'HARMATTAN HONGRIE
Könyvesbolt ; Kossuth L. u. 14-16
1053 Budapest

L'HARMATTAN KINSHASA
185, avenue Nyangwe
Commune de Lingwala
Kinshasa, R.D. Congo
(00243) 998697603 ou (00243) 999229662

L'HARMATTAN CONGO
67, av. E. P. Lumumba
Bât. – Congo Pharmacie (Bib. Nat.)
BP2874 Brazzaville
harmattan.congo@yahoo.fr

L'HARMATTAN GUINÉE
Almamya Rue KA 028, en face
du restaurant Le Cèdre
OKB agency BP 3470 Conakry
(00224) 657 20 85 08 / 664 28 91 96
harmattanguinee@yahoo.fr

L'HARMATTAN MALI
Rue 73, Porte 536, Niamakoro,
Cité Unicef, Bamako
Tél. 00 (223) 20205724 / +(223) 76378082
poudiougopaul@yahoo.fr
pp.harmattan@gmail.com

L'HARMATTAN CAMEROUN
BP 11486
Face à la SNI, immeuble Don Bosco
Yaoundé
(00237) 99 76 61 66
harmattancam@yahoo.fr

L'HARMATTAN CÔTE D'IVOIRE
Résidence Karl / cité des arts
Abidjan-Cocody 03 BP 1588 Abidjan 03
(00225) 05 77 87 31
etien_nda@yahoo.fr

L'HARMATTAN BURKINA
Penou Achille Some
Ouagadougou
(+226) 70 26 88 27

L'HARMATTAN SÉNÉGAL
10 VDN en face Mermoz, après le pont de Fann
BP 45034 Dakar Fann
33 825 98 58 / 33 860 9858
senharmattan@gmail.com / senlibraire@gmail.com
www.harmattansenegal.com

L'HARMATTAN BÉNIN
ISOR-BENIN
01 BP 359 COTONOU-RP
Quartier Gbèdjromèdé,
Rue Agbélenco, Lot 1247 I
Tél : 00 229 21 32 53 79
christian_dablaka123@yahoo.fr

Achevé d'imprimer par Corlet Numérique - 14110 Condé-sur-Noireau
N° d'Imprimeur : 133630 - Dépôt légal : novembre 2016 - *Imprimé en France*